AI 자율주행

인공지능총서

인공지능 시대입니다. 기계가 인간의 인지를 대신하고, 사물이 인간을 통하지 않고 다른 사물과 직접 커뮤니케이션합니다. 이에 따른 인간 삶과 문명 변화를 정확히 이해·예측·대응하는 것은 이 시대 우리 모두의 과제입니다. 인공지능총서는 인공지능 기술과 환경의 여러 주제를 10가지 키워드로 정리합니다. 관련 개념과 이론, 학계와 산업계의 쟁점, 우리 일상의 변화를 다룹니다. 인간과 기술의 현재, 미래를 세심히 분석합니다.

일러두기

- 인명, 작품명, 저서명, 개념어 등은 한글과 함께 괄호 안에 해당 국가의 원어를 병기했습니다. 총서 편집지침에 따라 원어는 장별로 처음 나올 때마다 병기합니다.
- 외래어 표기는 현행 어문규정의 외래어표기법을 따랐습니다.

처음이세요?

전문가세요?

AI 자율주행

안세진

대한민국, 서울, 커뮤니케이션북스, 2024

AI 자율주행

지은이 안세진
펴낸이 박영률

초판 1쇄 펴낸날 2024년 5월 30일

커뮤니케이션북스(주)
출판 등록 2007년 8월 17일 제313-2007-000166호
02880 서울시 성북구 성북로 5-11
전화(02) 7474 001, 팩스(02) 736 5047
commbooks@commbooks.com
www.commbooks.com

ISBN 979-11-288-5151-3 03500

책값은 뒤표지에 표시되어 있습니다.

차례

인공지능 시대 자율주행의 도전

현대 사회는 기술 혁신의 물결 속에서 새로운 교통 시대의 문턱에 서 있다. 인공지능(AI, Artificial Intelligence) 시대의 도래와 함께 자율주행 기술은 그 중심에 있으며, 이 기술은 우리의 삶과 교통 시스템을 근본적으로 변화시킬 잠재력을 지니고 있다.

자율주행(Autonomous Driving) 기술은 지난 수십 년간 컴퓨터 과학, 인공지능, 로봇공학, 센서 기술 등 다양한 분야에서의 혁신적인 발전에 힘입어, 상상에서 현실로 이루어졌다. 이 기술은 차량이 인간의 개입 없이도 주변 환경을 인식하고, 판단을 내리며, 안전하게 운행할 수 있는 능력을 갖추는 것을 의미한다. 자율주행 자동차의 개발은 초기 단계에서부터 교통사고 감소, 교통 혼잡 완화, 운송 비용 절감 등 다양한 사회적, 경제적 이점을 제공할 것이라는 기대를 모았다.

오늘날 자율주행 기술은 여러 단계의 발전을 거쳐 실제 도로에서의 테스트 운행이 이루어지고 있으며, 일부 국가와 도시에서는 제한적인 상용 서비스가 시작되었다. 인공지능과 기계 학습(Machine Learning) 알고리즘의 발전은 차량이 복잡한 도로 상황을 더욱 정확하게 인식하고 해석할 수 있게 하여, 자율주행 기술의 안전성과 신뢰성을 크게 향상했다. 그러나 이러한 기술적 진보에도 자율주행 자동차가 일상적인 교통수단으로 널리 사용되기까지는 여전히 극복해야 할 기술적, 사회적, 법적 도전 과제가 남아 있다.

자율주행 기술은 교통 시스템을 더욱 효율적이고 안전하게 만들어, 인간의 삶의 질을 크게 향상할 수 있는 잠재력을 지니고 있다. 특히, 교통사고 대부분이 인간의 실수에 기인하는 것을 고려할 때, 자율주행 자동차는 교통사고율을 현저히 감소할 수 있다. 또한, 자율주행 기술은 교통 혼잡을 완화하고, 도시 계획과 인프라 구축에 새로운 접근 방식을 제공하여, 지속 가능한 도시 발전을 촉진할 수 있다.

기술적 도전 과제 외에도, 자율주행 기술은 사회적 수용성, 윤리적 고려 사항, 법적 규제와 같은 여러 문제에 직면해 있다. 자율주행 자동차의 결정 과정과 책임 소재에 대한 윤리적 질문, 개인정보 보호와 데이터 보안에 대한 우려, 기존 교통법규와의 조화 등은 이 기술의 상용화 과정에서 반드시 해결해야 할 중요한 과제다. 또한, 기술적 진보가 일자리 소멸과 같은 부정적인 경제적 영향을 초래할 수 있다는 우려도 있다.

자율주행 기술이 직면한 도전 과제를 명확히 이해하고, 이를 극복하기 위한 전략을 모색함으로써, 기술적 진보와 사회적 수용 사이의 균형을 찾는 것이 이 책의 주요한 목표가 된다. 이를 통해 자율주행 기술이 인류에게 가져올 혜택을 최대화하고, 잠재적 위험을 최소화할 수 있는 방안을 준비해야 한다.

기술 발전과 혁신

자율주행 기술의 발전은 인류의 교통 시스템을 혁신적으로 변화시킬 잠재력을 지니고 있으며, 이러한 변화는 인공지능, 센서 기술, 로봇공학, 빅 데이터 분석 등 다양한 기술 분야의 혁신에 의해 주도되고 있다.

자율주행 기술의 핵심은 주변 환경을 정확하게 인식하고 해석할 수 있는 능력에 있다. 이를 위해 다양한 센서 기술이 활용되며, 여기에는 라이다(LiDAR, Light Detection and Ranging), 레이더(Radar, Radio Detection and Ranging), 카메라, 초음파 센서 등이 포함된다. 이 센서들은 차량 주변의 물체를 감지하고, 거리를 측정하며, 차량의 속도와 방향을 조절하는 데 필요한 데이터를 제공한다. 또한, 지피에스(GPS, global positioning system)와 지도 데이터는 차량이 정확한 위치를 파악하고 목적지까지의 경로를 계획하는 데 중요한 역할을 한다.

인공지능과 기계 학습 알고리즘은 자율주행 차량이 센서로부터 수집한 대량의 데이터를 처리하고 해석하여, 복잡한 도로 상황에서 적절한 결정을 내릴 수 있게 한다. 이러한 알고리즘은 지속적인 학습을 통해 차량의 인식 능력과 의사 결정 과정을 개선하며, 더욱 정교하고 안전한 운행을 가능하게 한다. 예를 들어, 디프러닝(deep learning) 기술은 차량이 보행자, 자전거, 다른 차량 등을 인식하고, 이들의 의도를 예측하여, 충돌을 피하고 안전한 거리를 유지할 수 있도록 한다.

자율주행 분야의 연구는 지속적으로 진행되고 있으며, 최신 기술 혁신은 차량의 성능을 향상하고, 운전자 없이도 안전하게 운행할 수 있는 범위를 확장하고 있다. 예를 들어, 인공신경망을 이용한 이미지 인식 기술의 발전은 차량이 더욱 복잡하고 다양한 환경에서도 정확하게 주변을 인식할 수 있게 하였다. 또한, V2X(vehicle to everything) 통신 기술의 발전은 차량이 다른 차량, 교통 인프라, 보행자와 정보를 교환하여 교통사고를 줄이고, 교통 흐름을 개선하는 데 기여하고 있다.

자율주행 기술의 발전에도 불구하고 여전히 해결해야 할 기술적 도전 과제가 있다. 예를 들어, 극한의 기상 조건이나 복잡한 도시 환경에서의 센서 인식의 정확도 향상, 대규모 데이터 처리 능력과 실시간 의사 결정력 확보, 다양한 교통 참여자와의 상호 작용 등은 자율주행 차량의 안전성과 신뢰성을 높이기 위한 중요한 과제다. 이러한 도전 과제를 극복하기 위한 연구와 기술 개발은 자율주행 기술의 상용화를 가속화하고, 더욱 안전하고 효율적인 교통 시스템을 실현하는 데 핵심적인 역할을 할 것이다.

기술 발전과 혁신은 자율주행 기술의 미래를 밝게 하고 있으며, 이는 궁극적으로 인간의 삶의 질을 향상하고, 지속 가능한 교통 시스템을 구축하는 데 기여할 것이다. 지금까지의 연구와 개발 성과는 매우 인상적이지만, 앞으로도 자율주행 분야의 혁신은 계속될 것이며, 이 과정에서 새로운 기술적, 사회적 도전 과제를 극복해 나가야 할 것이다.

사회적 기대와 경제적 영향

자율주행 기술은 그 도입으로 인해 사회적 기대를 가져오고 경제적 영향을 미칠 것으로 전망된다. 이러한 변화는 단순히 교통의 편리성을 넘어서 경제 구조, 고용 시장, 도시 계획, 환경 보호 등 다양한 분야에 걸쳐 광범위하게 이루어질 것이다.

자율주행 차량의 도입은 교통사고 감소, 교통 혼잡 완화, 운행 효율성 향상 등을 통해 교통 시스템을 근본적으로 변화시킬 것으로 기대된다. 자율주행 기술이 완전히 구현되면, 인간 운전자의 실수로 인한 사고를 크게 줄일 수 있으며, 이는 교통사고로 인한 사망자 수 감소와 의료비용 절감으로 이어질 것이다. 또한, 차량 간의 통신을 통해 교통 흐름을 최적화하고 혼잡을 줄이며, 이는 시간과 에너지 소비를 감소해 환경에도 긍정적인 영향을 미칠 것이다.

자율주행 기술의 발전은 운송 산업을 비롯해 자동차 제조, 보험, 부동산 등 관련 산업에 큰 경제적 이점을 가져올 것이다. 자율주행 차량의 상용화는 물류와 운송 비용을 혁신적으로 절감할 수 있으며, 이는 제품 가격의 하락과 물류 효율성의 증가로 이어질 것이다. 자동차 제조업계에서는 새로운 기술과 서비스 모델의 개발이 촉진되며, 이는 신규 고용 창출과 산업 혁신을 가져올 것이다. 보험 산업에서는 리스크 평가 모델의 변화가 필요해지며, 부동산 시장에서는 도시 및 교외 지역의 이용 패턴

변화로 인한 영향을 예상할 수 있다.

자율주행 기술의 도입은 택시 운전사, 트럭 운전사 등 운전을 직업으로 하는 사람들에게는 도전이 될 수 있다. 그러나 동시에 새로운 기술 관련 직업, 예를 들어 소프트웨어 개발, 데이터 분석, 시스템 유지 보수 및 운영 등의 분야에서는 신규 고용 기회가 창출될 것이다. 따라서, 자율주행 기술의 발전과 적용은 직업 훈련 프로그램과 교육 체계의 변화를 요구하며, 이는 경제 전반에 걸쳐 장기적인 고용 구조의 변화를 가져올 것이다.

자율주행 차량의 사회적 수용성은 기술의 성공적인 도입에 중요한 요소다. 안전성, 프라이버시, 데이터 보안에 대한 우려와 함께, 기술에 대한 신뢰 구축이 필수적이다. 또한, 자율주행 기술이 가져올 사회적 변화에 대한 공공의 인식과 태도를 이해하고, 이에 대응하는 정책과 규제를 마련해야 한다.

자율주행 기술은 사회적 기대와 경제적 영향 모두에서 혁신적인 변화를 약속한다. 이 기술은 교통 시스템을 더욱 안전하고 효율적으로 만들며, 경제 전반에 걸쳐 긍정적인 영향을 미칠 것이다. 그러나 이와 동시에 고용 시장의 변화, 사회적 수용성의 문제, 윤리적 및 법적 고려사항 등 여러 도전 과제를 해결해야 한다. 자율주행 기술의 성공적인 도입과 활용을 위해서는 기술 개발자, 정책 입안자, 사회 구성원 모두의 협력과 노력이 필요하다.

도전 과제와 윤리적 고려 사항

자율주행 기술의 발전은 놀라운 잠재력을 지니고 있지만, 이와 동시에 다양한 도전 과제와 윤리적 고려 사항을 수반한다. 이 기술이 사회에 널리 적용되기 위해서는 안전성, 보안, 프라이버시 보호, 법적 규제, 윤리적 문제 등에 대한 해결책을 찾아야 한다.

자율주행 차량의 안전성은 기술의 상용화에서 가장 중요한 요소 중 하나다. 자율주행 기술은 인간 운전자보다 더 안전한 운전을 목표로 하지만, 기술적 오류, 소프트웨어 버그, 하드웨어 결함 등은 심각한 안전 문제를 야기할 수 있다. 또한, 자율주행 차량은 사이버 공격의 위험에 노출되어 있으며, 해킹을 통한 차량 제어 권한의 탈취는 대규모 사고로 이어질 수 있다. 이러한 위험을 최소화하기 위해, 고도의 보안 프로토콜과 안전 기준이 필요하다.

자율주행 차량은 주변 환경을 인식하고 내비게이션을 위해 대량의 데이터를 수집하며, 이는 사용자의 위치와 행동 패턴에 대한 민감한 정보를 포함할 수 있다. 이러한 정보의 수집, 저장, 활용에서 개인 프라이버시 보호는 중요한 고려 사항이다. 데이터 보호 법규의 준수와 사용자의 동의 없는 데이터 활용 금지는 이러한 문제를 해결하기 위한 기본적인 접근 방법이다.

자율주행 기술의 법적 규제는 아직 초기 단계에 있으며, 기술 발전 속도에 비해 느리게 진행되고 있다. 자율주행 차량의 운행, 테스트, 상용화에 관해 명확한 법적 틀이 필요하며, 이는 국가별로 상이할 수 있다. 또한, 사고 발생 시 책임 소재의 명확화, 보험 제도의 개선 등은 법적 규제가 해결해야 할 주요 과제다.

자율주행 차량의 의사 결정 과정에는 복잡한 윤리적 문제가 포함될 수 있다. 예를 들어, 불가피한 사고 상황에서 차량은 어떤 결정을 내려야 하는가? 이러한 '도덕적 딜레마'는 프로그래밍 과정에서 고려되어야 하며, 이는 기술 개발자, 윤리학자, 법률가, 일반 대중의 광범위한 논의를 필요로 한다.

자율주행 기술에 대한 사회적 수용성은 기술의 성공적인 도입과 확산에서 결정적인 요소다. 사람들이 기술을 신뢰하고 받아들이려면, 자율주행 차량이 안전하고 신뢰할 수 있으며, 사회적 가치에 부합한다는 것이 입증되어야 한다. 이를 위해서는 투명한 정보 제공, 공공의 참여와 피드백, 사회적 대화의 장 마련이 중요하다.

자율주행 기술의 발전은 인류에게 많은 혜택을 가져다줄 수 있지만, 이를 실현하기 위해서는 다양한 도전 과제와 윤리적 고려 사항을 넘어서야 한다. 안전성과 보안, 프라이버시 보호, 법적 규제의 명확화, 윤리적 문제의 해결, 사회적 수용성의 확보는 자율주행 기술이 성공적으로 사회에 통합되기 위한 필수적인 요소다. 기술 개발자, 정책 입안자, 사회 구성원 모두가 함께 협력하여 이러한 도전 과제를 해결하고, 자율주행 기술의 잠재력을 최대한 활용할 수 있는 방안을 모색해야 할 것이다.

미래 전망

자율주행 기술의 미래는 매우 밝으며, 다가오는 수십 년 동안 이 기술이 가져올 변화는 상상을 초월할 것으로 예상된다. 이러한 변화는 교통, 경제, 사회 구조, 환경 보호 등 다양한 분야에 걸쳐 광범위하게 이루어질 것이다.

자율주행 기술은 지속적인 혁신과 연구 개발을 통해 빠르게 발전하고 있다. 인공지능, 센서 기술, 머신러닝, 컴퓨터 비전 등의 분야의 진보는 자율주행 차량의 성능을 향상하고, 더욱 복잡하고 예측 불가능한 도로 환경에서도 안전하게 운행할 수 있는 능력을 제공할 것이다. 또한, 차량 간 통신(V2V, Vehicle-to-Vehicle Communication)과 차량과 인프라 간 통신(V2I, Vehicle-to-Infrastructure Communication) 기술의 발전은 교통 시스템의 효율성을 극대화하고, 교통사고를 줄이는 데 기여할 것이다.

자율주행 기술은 사람들의 일상생활에 혁명적인 변화를 가져올 것이다. 이동의 편리성이 증가하고, 교통사고로 인한 인명 피해가 감소함에 따라, 사회 전반의 안전성과 삶의 질이 향상될 것이다. 또한, 노약자나 이동이 불편한 사람들에게 새로운 이동 수단을 제공하며, 이는 사회적 포용성을 증진할 것이다. 도시 계획과 인프라 구축에도 큰 변화가 예상되며, 이는 보다 효율적이고 지속가능한 도시 환경을 조성하는 데 기여할 것이다.

자율주행 기술의 발전은 경제적 파급 효과가 클 것으로 예상된다. 운송 및 물류 산업에서의 비용 절감, 생산성 향상, 새로운 비즈니스 모델의 등장은 경제 성장을 촉진할 것이다. 자율주행 차량의 상용화는 자동차 제조업, 소프트웨어 개발, 데이터 처리 및 분석 등 관련 산업의 성장을 가져올 것이며, 이는 새로운 고용 기회의 창출로 이어질 것이다. 그러나 동시에 일부 직업군에는 도전이 될 수 있으며, 이에 대한 사회적 대응 전략이 필요할 것이다.

자율주행 기술의 발전은 기술적, 사회적, 윤리적 도전 과제를 동반한다. 보안 취약점의 해결, 사이버 공격에 대한 대비, 데이터 프라이버시 보호, 윤리적 딜레마의 해결 등은 이 기술의 상용화 과정에서 중요하게 다뤄져야 할 문제들이다. 또한, 기존 운전자 중심의 교통 체계와 법규를 자율주행 차량에 맞게 개선하는 일은 법적 · 사회적 과제를 제시한다. 하지만 이러한 도전 과제를 극복하는 과정에서 새로운 기술적 혁신이 촉발되고, 사회적 합의를 통해 더욱 포괄적이고 공정한 교통 시스템이 구축될 수 있는 기회가 마련될 것이다.

자율주행 기술은 환경 보호와 지속 가능한 발전에 긍정적인 영향을 미칠 수 있다. 차량의 효율적인 운행과 최적화된 교통 흐름은 에너지 소비를 감소하고, 온실가스 배출을 줄일 수 있다. 또한, 자율주행 차량의 대중화는 개인 차량 소유의 필요성을 감소하고, 공유 경제 모델을 촉진할 수 있다. 이는 차량의 이용률을 높이고, 도로의 혼잡을 줄여, 도시의 공간 활용도를 개선하는 효과를 가져올 것이다.

자율주행 기술의 성공적인 도입과 발전을 위해서는 국제적인 협력과 기술 표준의 마련이 필수적이다. 자율주행 차량이 다양한 국가와 지역에서 안전하게 운행되기 위해서는 글로벌 표준에 대한 합의가 필요하다. 이는 차량 간의 호환성을 보장하고, 국경을 넘는 운행에서 법적 · 기술적 장벽을 최소화하는 데 기여할 것이다. 국제적인 협력은 또한 연구 개발, 사이버 보안, 데이터 공유 등의 분야에서 공동의 목표를 달성하는 데 도움이 될 것이다.

자율주행 기술의 발전은 교육 시스템과 직업 훈련 프로그램에도 변화를 요구한다. 기술의 변화에 따라 새로운 기술 직업이 등장하고, 기존 직업의 요구 사항이 변화할 것이다. 이에 따라, 소프트웨어 개발, 데이터 분석, 시스템 엔지니어링, 사이버 보안 등 자율주행 기술과 관련된 분야에서의 전문 지식과 기술이 중요해질 것이다. 교육 시스템은 이러한 변화에 대응하여 새로운 커리큘럼과 훈련 프로그램을 개발해야 한다.

자율주행 기술의 미래는 기술적 혁신과 사회적 변화의 가능성을 풍부하게 제시한다. 이 기술이 가져올 긍정적인 영향을 최대화하고, 도전 과제를 효과적으로 극복하기 위해서는 기술 개발자, 정책 입안자, 사회 구성원이 함께 노력해야 한다. 지속 가능한 발전, 사회적 포용성, 경제적 기회의 창출을 위한 전략적 접근이 필요하며, 이를 통해 자율주행 기술의 잠재력을 실현할 수 있을 것이다.

참고문헌

김석준(2021). 『전기 자동차와 자율주행』. 커뮤니케이션북스.

김시호(2022). 자율주행차 기술의 현재와 미래. ≪전기의세계≫, 71권 4호, 29~32.

김재휘(2023). 『인공지능/연결기반 자율주행차량』. 골든벨.

비피기술거래(2021). 『자율주행 자동차 인공지능 보고서』. 비피기술거래.

01
자율주행 기술 쟁점

자율주행차의 발전은 센서 정확성, 의사 결정 알고리즘의 안정성, 사이버 보안과 데이터 보호의 중요성을 새롭게 조명했다. 이들 기술은 차량의 안전 운행, 사용자 신뢰 확보, 사회적 수용성을 결정짓는 핵심 요소로 자리 잡았다. 복잡한 도로 환경과 데이터 보안이라는 도전 속에서, 지속적인 연구와 혁신을 통해 이 기술들의 발전이 기대된다. 자율주행차의 미래는 이러한 기술적 쟁점들을 어떻게 해결하느냐에 달려 있다.

AI와 1인 창업?

센서와 인식 기술의 정확성과 신뢰성

자율주행차의 안전하고 효율적인 운행을 가능하게 하는 핵심 요소 중 하나는 바로 센서와 인식 기술이다. 이 기술들은 차량이 주변 환경을 정확히 인식하고, 그에 따른 적절한 결정을 내리는 데 필수적이다. 센서의 정확성과 인식 기술의 신뢰성은 차량의 성능과 직결되며, 이는 자율주행 기술의 성패를 가르는 결정적인 요소가 된다.

자율주행차는 다음과 같은 다양한 센서를 통해 주변 환경을 인식한다.

· 카메라: 시각적 정보를 제공하며, 차선 인식, 교통 표지판 인식 등에 활용된다.

· 레이더(RADAR): 객체와의 거리 및 속도를 측정하여, 충돌 방지와 속도 조절에 도움을 준다.

· 라이다(LiDAR): 레이저를 이용해 주변 환경의 3D 맵을 생성, 높은 정밀도의 거리 측정이 가능하다.

· 초음파 센서: 가까운 거리의 객체를 감지하며, 주차 보조 등에 사용된다.

이러한 센서들은 서로 보완적으로 작동하여, 자율주행차가 복잡한 도로 환경에서 안전하게 운행될 수 있도록 돕는다.

최근 인공지능, 특히 디프러닝(Deep learning)의 발전은 센서 데이터를 해석하는 인식 기술을 혁신적으로 개선하고 있다. 이러한 기술은 센서에서 수집된 대량의 데이터를 분석하여, 도로 상황, 장애물, 보행자 등을 정확히 인식하고 예측한다. 디프러닝 알고리즘의 발전은 자율주행차가 더욱 복잡하고 예측 불가능한 환경에서도 안전하게 운행할 수 있게 만든다.

센서와 인식 기술은 악천후, 강한 햇빛, 높은 반사율 등 다양한 환경 조건에서의 도전에 직면해 있다. 이러한 조건들은 센서의 정확성을 저하시키며, 이는 잘못된 데이터 해석으로 이어질 수 있다. 기술자들은 이러한 도전을 극복하기 위해 센서 융합 기술을 개발하고, 알고리즘의 지속적인 훈련과 개선에 집중하고 있다.

센서 융합 기술은 다양한 센서로부터 얻은 정보를 결합하여, 각 센서의 한계를 극복하고 데이터의 정확성을 향상한다. 또한, 시뮬레이션과 실세계 테스트를 통한 알고리즘의 지속적인 훈련은 인식 기술의 신뢰성을 높이는 데 중요하다. 인공지능의 지속적인 학습과 개선은 자율주행 기술의 미래에 핵심적인 역할을 한다.

지속적인 연구와 개발을 통해, 센서와 인식 기술의 정확성과 신뢰성은 앞으로 크게 향상될 것으로 기대된다. 이러한 기술적 발전은 자율주행차가 보다 안전하고 효율적으로 운행될 수 있는 미래를 약속한다. 연구 개발의 중요성은 이 기술들이 우리의 일상과 산업에 미치는 영향을 고려할 때 더욱 명확해진다.

센서와 인식 기술의 정확성과 신뢰성은 자율주행차의 핵심적인 요소다. 지속적인 기술적 혁신과 연구 개발은 이 분야의 발전을 촉진할 것이며, 자율주행 기술의 미래를 형성하는 데 결정적인 역할을 할 것이다. 자율주행차의 성공적인 구현과 발전은 이러한 기술적 도전을 극복하는 데 달려 있다.

의사 결정 알고리즘과 소프트웨어 안정성

자율주행차의 핵심 기술 중 하나는 의사 결정 알고리즘과 소프트웨어의 안정성이다. 이 기술은 차량이 복잡한 도로 환경에서 안전하고 효율적으로 운행할 수 있도록 하는 데 필수적이다. 의사 결정 알고리즘은 차량이 주변 환경을 정확히 인식하고, 이를 바탕으로 적절한 판단을 내리는 과정을 포함한다. 이 과정은 환경 인식, 상황 판단, 행동 결정의 세 단계로 나눌 수 있다.

첫 번째 단계인 환경 인식에서는 센서와 카메라로부터 수집된 데이터를 분석하여 차량 주변의 상황을 파악한다. 이는 차량이 다른 차량, 보행자, 장애물 등을 인식하는 기반이 된다. 두 번째 단계인 상황 판단에서는 인식된 정보를 바탕으로 현재 상황을 분석하고, 가능한 시나리오를 예측한다. 마지막으로, 행동 결정 단계에서는 분석된 정보와 예측된 시나리오를 기반으로 차량이 취할 최적의 행동을 결정한다.

소프트웨어의 안정성은 이 모든 과정이 정확하고 신뢰할 수 있게 수행될 수 있도록 하는 데 중요하다. 고품질의 소프트웨어 개발, 엄격한 품질 관리, 지속적인 테스트 및 유지 보수는 소프트웨어가 버그 없이 운영되고, 최신 상태로 유지될 수 있도록 한다. 이는 차량이 예측 불가능한 상황에도 안정적으로 대응할 수 있게 한다.

자율주행차의 의사 결정 알고리즘과 소프트웨어 개발은 복잡한 도로 상황, 예기치 않은 교통 참여자의 행동, 악천후와 같은 환경적 요인 등 여러 기술적 도전에 직면해 있다. 이러한 도전을 극복하기 위해서는 인공지능과 기계 학습 기술의 지속적인 발전, 실시간 데이터 처리 능력의 향상, 그리고 다양한 시나리오에서의 시뮬레이션과 실제 도로 테스트가 필요하다.

또한, 자율주행차의 안전과 신뢰성을 보장하기 위해 업계와 정부는 안전 기준과 프로토콜을 개발하고 있다. 이러한 기준과 프로토콜은 의사 결정 알고리즘과 소프트웨어 개발에 명확한 지침을 제공하며, 자율주행차가 사회에 널리 수용될 수 있도록 돕는다.

자율주행 기술의 미래는 의사 결정 알고리즘과 소프트웨어의 지속적인 개선에 달려 있다. 이를 위해 연구자와 개발자들은 기술의 안정성과 신뢰성을 높이는 데 집중하고 있으며, 이러한 노력은 자율주행차가 우리 일상에 안전하고 효율적으로 통합될 수 있게 하는 기반이 된다. 지속적인 혁신과 연구를 통해 자율주행차는 더욱 지능적이고 안정적으로 발전할 것이며, 이는 궁극적으로 도로 위의 안전성과 교통 효율성을 크게 향상할 것이다.

사이버 보안과 데이터 보호

자율주행차량의 사이버 보안과 데이터 보호는 현대 기술 발전에서 중요한 쟁점이 되고 있다. 이러한 차량들은 운전자의 개입 없이도 도로 상황을 인식하고, 판단하여 행동을 결정하는 고도의 자율성을 가지고 있으며, 이 과정에서 대량의 데이터를 생성하고 처리한다. 이 데이터는 차량의 위치, 속도, 주변 환경 인식 정보는 물론, 운전자 및 승객의 개인정보까지 포함할 수 있다. 이에 따라, 이 정보들의 안전한 처리와 보호는 자율주행 기술의 신뢰성 확보를 위해 필수적이다.

자율주행차량은 지속적으로 외부 네트워크와 통신하며, 이러한 연결성은 해커들에게 다양한 사이버 공격의 기회를 제공한다. 공격자들은 이 취약점을 이용하여 차량의 제어 시스템을 해킹하거나, 개인정보를 탈취할 수 있다. 따라서, 자율주행차량의 사이버 보안은 단순히 정보 보호를 넘어서 차량과 승객의 물리적 안전을 지키는 것과도 직결된다.

데이터 보호 측면에서는, 수집되는 개인정보의 양과 범위가 확대됨에 따라, 이를 어떻게 안전하게 관리하고 보호할 것인가가 주요 고려 사항이다. 사용자의 동의 없이 개인 데이터를 수집, 저장, 처리하는 행위는 심각한 프라이버시 침해 문제를 일으킬 수 있으며, 이는 사용자의 신뢰를 저하시키고 자율주행 기술의 사회적 수용성에 부정적인 영향을 미칠 수 있다.

이러한 기술적 도전을 해결하기 위해 여러 방안이 모색되고 있다. 첫째, 데이터의 암호화는 전송 중이거나 저장될 때 데이터를 보호하는 기본적이면서도 강력한 방법이다. 둘째, 차량 내부 네트워크와 외부의 통신 보안을 강화하기 위한 네트워크 보안 프로토콜의 적용이 필요하다. 셋째, 접근 제어 시스템을 통해 데이터와 시스템에 대한 접근을 엄격히 관리함으로써, 무단 접근과 데이터 유출을 방지할 수 있다.

법적 및 윤리적 측면에서도 자율주행차량의 사이버 보안과 데이터 보호를 강화하기 위한 노력이 필요하다. 개인정보 보호 법률과 규정을 강화하여, 자율주행차량에서 수집되는 데이터의 사용과 관리에 명확한 기준을 제시해야 한다. 또한, 자율주행차량 제조사와 서비스 제공자에게 사이버 보안 위협에 대응하기 위한 책임을 부여하고, 이를 준수하지 않을 경우 엄격한 법적 책임을 물어야 한다.

결국, 자율주행차량의 사이버 보안과 데이터 보호는 단일 기술이나 정책으로 해결될 수 있는 문제가 아니다. 이는 기술 개발자, 법률가, 정책 입안자, 그리고 사용자가 함께 협력하고 소통하면서 접근해야 할 복합적인 이슈다. 지속적인 기술 혁신과 함께, 적절한 법적 규제와 윤리적 기준 마련은 자율주행차량이 제공하는 편리함과 혁신을 안전하게 즐길 수 있는 사회적 기반을 조성할 것이다.

참고문헌

김재휘(2023). 『인공지능 / 연결기반 자율주행차량』. 골든벨.
LEE, Jae-Gwan(2014). 자율주행 자동차 개발현황 및 시사점. ≪The

Magazine of the IEIE≫, 41권 1호, 22~29.
김정환(2021). 자율주행을 위한 센서 융합 및 딥러닝 기반의 주행 제어 알고리즘. PhD Thesis. 한양대학교.
장원제(2022). 자율주행을 위한 3차원 라이다 인지 기술. ≪KISDI AI Outlook≫, 11호, 21~38.
허건수(2020). 자율주행기술의 현실과 전망. ≪오토저널≫, 42권 5호, 16~20.
황재호(2020). 자율주행을 위한 센서기술동향. ≪오토저널≫, 42권 4호, 18~21.
Hanky Sjafrie(2019), *Introduction to Self-driving vehicle technology*, Chapman and Hall/CRC.
김은도·남기혁·서영빈·이승열 옮김(2021). 『자율주행차량 기술 입문』. 에이콘출판.

02
자율주행과 인공지능 학습

인공지능과 자율주행의 혁명적 결합은 우리의 일상과 교통 시스템에 근본적인 변화를 가져오는 중요한 기술 발전이다. 자율주행차는 센서와 카메라로 수집된 데이터를 기반으로 주변 환경을 인식하고, 복잡한 도로 상황에서 적절한 결정을 내리는 인공지능 알고리즘을 활용한다. 이 글에서는 이러한 기술의 현재 상태, 윤리적 쟁점, 사회적 동의의 중요성에 대해 탐구하며, 자율주행차의 미래와 인간의 역할에 대해 심도 깊게 논한다.

AI와 MBTI?

인공지능과 자율주행의 혁명적 결합

인공지능(AI)과 자율주행의 결합은 현대 사회에서 가장 혁신적인 기술 발전 중 하나로, 이는 교통 시스템과 우리 일상생활에 근본적인 변화를 가져오고 있다. 이 결합은 자동차가 단순한 이동 수단을 넘어, 스스로 판단하고 결정을 내리는 지능형 기기로 변모하게 만들었다.

자율주행차의 핵심에는 센서와 카메라에서 수집된 방대한 데이터를 처리하고 분석하는 인공지능 알고리즘이 자리 잡고 있다. 이 알고리즘은 차량이 주변 환경을 정확히 인식하고, 복잡한 도로 상황에서도 적절한 운전 결정을 내릴 수 있도록 한다. 예를 들어, 차량은 보행자, 다른 차량, 도로 표지판을 식별하고, 이에 기반하여 속도 조절, 차선 변경, 긴급 제동과 같은 운전 조치를 취할 수 있다.

현재, 여러 기업과 연구 기관에서는 다양한 수준의 자율주행 기술을 개발하고 시험 중이다. 완전 자율주행을 목표로 하는 연구는 인간 운전자의 개입 없이 모든 도로 상황을 처리할 수 있는 능력을 갖춘 차량을 개발하고자 한다. 이러한 진보는 머신러닝과 디프러닝 기술의 발전에 힘입어 가능해졌으며, 차량이 스스로 학습하고 경험을 축적하여 운전 능력을 개선할 수 있는 기반을 마련했다.

그러나 이 기술적 진보는 사회적, 윤리적 쟁점을 동반한다. 자율주행차가 운전 중 발생할 수 있는 도덕적 딜레마 상황, 예를 들어 불가피한 사고 상황에서 누구를 보호할 것인지와 같은 결정을 내려야 할 때, 기준으로 삼을 윤리적 원칙은 무엇인가? 또한, 자율주행차의 보급이 운전자의 일자리에 미치는 영향, 개인정보의 보호, 차량 해킹과 같은 보안 문제 등도 중요한 고려 사항이다.

미래에는 자율주행 기술이 교통사고 감소, 교통 효율성 증가, 이동의 자유 확대와 같은 긍정적인 사회적 효과를 가져올 것으로 기대된다. 특히, 노인이나 장애인과 같이 운전이 어려운 사람들에게 더 큰 이동성을 제공함으로써, 그들의 삶의 질을 향상할 수 있는 가능성을 제시한다.

결국, 인공지능과 자율주행의 결합은 단순히 기술적 진보를 넘어서 사회적 변화의 촉매제 역할을 할 것이다. 이러한 변화를 통합하고 관리하는 과정에서 사회적 합의와 윤리적 기준의 설정은 매우 중요하다. 기술 발전과 함께 이를 둘러싼 사회적, 윤리적 논의가 발전해 나가야 할 것이며, 인간과 기계가 공존하는 미래를 형성해 나가야 할 것이다.

자율주행차의 지능화와 인간의 역할

자율주행차량의 등장과 그 지능화는 기술 발전의 전면에 서 있으며, 이는 인간의 생활 방식과 교통 시스템에 근본적인 변화를 야기하고 있다. 이 혁신의 중심에는 인공지능 기술이 자리 잡고 있으며, 이를 통해 차량은 스스로 주변 환경을 인식하고 복잡한 도로 상황에서도 적절한 결정을 내릴 수 있는 능력을 갖추게 되었다. 이러한 기술적 발전은 인간 운전자의 역할을 재정의하며, 인간과 기술 간의 상호작용 방식에 새로운 질문을 던지고 있다.

자율주행차의 지능화는 머신러닝과 디프러닝과 같은 알고리즘을 기반으로 한다. 이 알고리즘들은 차량에게 도로 표지판 인식, 보행자 감지, 다른 차량과의 안전거리 유지와 같은 복잡한 작업을 수행할 수 있는 능력을 부여한다. 이 과정에서 수집된 데이터는 차량이 '학습'하고 이를 통해 운전 능력을 지속적으로 개선하도록 한다. 이러한 지능화는 차량이 운전자 없이도 안전하게 목적지까지 이동할 수 있게 하는 것을 목표로 한다.

그러나 자율주행차의 발전은 인간의 운전 역할에 대한 재고를 필요로 한다. 기존에는 운전자가 모든 운전 결정을 담당했으나, 자율주행 기술의 발전으로 이제 인간은 감독자 또는 순수한 승객의 역할을 하게 되었다. 이 변화는 운전 과정에서 발생할 수 있는 인간의 오류를 줄이고, 교통 안전을 향상할 수 있는 잠재력을 지니고 있으나, 동시에 새로운 윤리적, 사회적 질문을 제기한다.

자율주행차와 인간의 상호작용 변화는 인터페이스 디자인과 사용자 경험에 새로운 도전을 제시한다. 인간과 기계 간의 커뮤니케이션은 더욱 직관적이고 이해하기 쉬워야 하며, 이는 기술 설계자에게 사용자 중심의 접근 방식을 요구한다. 또한, 자율주행차의 의사 결정 과정의 투명성과 이에 대한 이해도는 사용자의 신뢰를 구축하는 데 중요한 요소다.

사회적, 윤리적 고려 사항도 자율주행차의 지능화와 긴밀히 연관되어 있다. 기술적 결함이나 해킹으로 인한 사고의 책임, 개인정보의 보호, 기술 발전으로 인한 일자리 변화는 공공의 토론이 필요한 주제다. 특히, 자율주행차가 윤리적 딜레마에 직면했을 때 어떤 결정을 내릴 것인지에 대한 기준 설정은 중요한 연구 분야로 남아 있다.

미래에는 자율주행차의 지능화가 교통 체증 감소, 환경 오염 저감, 이동의 자유 확대와 같은 긍정적인 사회적 효과를 가져올 것으로 기대된다. 이러한 기술적 진보가 사회에 성공적으로 통합되기 위해서는 인간의 역할과 기술의 사용 방식에 대한 깊은 이해와 사회적 합의가 필요하다. 자율주행차의 지능화와 인간의 역할 재정의는 기술 발전의 혜택을 극대화하고 잠재적인 위험을 최소화하는 방향으로 나아가야 한다. 이 과정에서 기술 개발자, 정책 입안자, 일반 대중의 포괄적인 참여와 논의가 중요하다.

AI 학습의 윤리적 기준과 사회적 동의

인공지능의 발전은 현대 사회에 많은 변화를 가져왔다. 특히 자율주행차량 같은 분야에서의 AI 활용은 놀라운 혁신을 선사하고 있지만, 동시에 윤리적 기준과 사회적 동의의 중요성을 부각하고 있다. AI 학습 과정에서의 윤리적 고려와 사회적 동의는 기술 발전이 인간의 복지와 사회적 가치에 부합하도록 보장하는 데 필수적이다.

AI 학습 데이터의 수집과 처리 과정에서 발생할 수 있는 윤리적 문제는 다양하다. 데이터의 사회적 편견 반영, 개인정보 보호 문제 등이 대표적이다. 예를 들어, 자율주행차가 일정 인구 집단에 대한 편견을 학습할 경우, 그 결정 과정에서 불공정한 결과를 초래할 수 있다. 따라서 AI 학습 과정에서는 다양성과 공정성을 확보한 데이터를 사용하며, 개인의 프라이버시를 존중하는 것이 중요하다.

사회적 동의의 과정은 AI 기술의 발전 방향과 적용 범위를 결정하는 데 중요한 역할을 한다. 이 과정은 공개적이고 투명해야 하며, 다양한 이해관계자의 의견을 수렴해야 한다. AI 기술, 특히 자율주행차의 발전은 사회 전반에 영향을 미치므로, 이에 대한 폭넓은 사회적 합의가 필요하다. 이를 통해 사회적 가치와 목표에 부합하도록 기술이 발전할 수 있다.

AI 기술 개발자와 사용자는 기술이 사회에 미치는 영향을 책임감 있게 고려해야 한다. 이는 기술이 가져올 수 있는 긍정적 효과를 극대화하고, 부정적 영향을 최소화하는 데 중요하다. 예를 들어, 자율주행차 기술의 발전은 교통 안전을 향상하고, 이동성을 제공하는 등 많은 이점을 제공할 수 있다. 그러나 이와 동시에 고용 변화, 기술적 결함으로 인한 사고 책임, 데이터 보안 문제 등이 고려할 사항으로 대두된다.

미래의 AI 기술 발전 방향은 윤리적 기준의 확립과 사회적 동의 과정에 달려 있다. 이는 기술 개발 초기 단계에서부터 시작되어야 하며, 정책 입안자, 기술 개발자, 일반 대중이 함께 참여하는 포괄적인 논의를 통해 이루어져야 한다. 윤리적 AI 사용에 대한 국제적 기준과 가이드라인의 개발은 이를 지원하는 데 중요한 역할을 할 수 있다.

결론적으로, "AI 학습의 윤리적 기준과 사회적 동의"는 AI 기술의 건강한 발전을 위한 핵심 요소다. 이를 통해 AI 기술이 인류의 복지 향상에 기여하고, 사회적 가치와 목표를 실현할 수 있도록 해야 한다. AI 기술의 미래는 단순히 기술적 진보에만 의존하는 것이 아니라, 이러한 윤리적 고려와 사회적 합의 과정을 어떻게 잘 수행하느냐에 달려 있다.

참고문헌

김석준(2021). 『전기 자동차와 자율주행』. 커뮤니케이션북스.

김재휘(2023). 『인공지능 연결기반 자율주행차량』. 골든벨.

백승우·이재복·김선우(2021). 머신러닝을 이용한 자율주행 기술 동향 조사. ≪한국통신학회 학술대회논문집≫, 159호, 1125~1126.

Grigorescu, S., et al.(2020). A survey of deep learning techniques for autonomous driving. *Journal of Field Robotics, 37*(3), 362~386.

Muhammad, K., et al.(2020). Deep learning for safe autonomous driving: Current challenges and future directions. *IEEE Transactions on Intelligent Transportation Systems, 22*(7), 4316~4336.

Thadeshwar, H., et al.(2020). Artificial intelligence based

self-driving car. In: Proceedings of the 2020 4th International Conference on Computer(pp.1~5), Communication and Signal Processing(ICCCSP). IEEE.

03
AI와 환경 감지 기술

인공지능 기반 환경 감지 기술은 자율주행차의 주변을 정확히 인식하고, 복잡한 도로 상황에서 적절한 판단을 내릴 수 있게 하는 핵심 요소로 자리매김하고 있다. 이 기술은 다양한 센서를 통해 방대한 데이터를 수집하고 분석함으로써, 차량이 안전하게 운행할 수 있는 경로를 결정한다. 그러나 악천후 조건에서의 센서 인식 능력 저하, 데이터의 프라이버시와 보안 문제, 기술적 오류와 책임 소재 문제 등 여러 도전 과제가 존재한다. 이 글은 AI 기반 환경 감지 기술의 발전과 이에 따른 도전 과제들을 심도 있게 탐구한다.

AI와 난임 극복?

AI 기반 환경 감지 기술의 발전과 도전 과제

인공지능의 급속한 발전은 자율주행차 기술의 핵심인 환경 감지 기능을 혁신적으로 향상하고 있다. AI 기반 환경 감지 기술은 차량이 스스로 주변 환경을 인식하고, 복잡한 도로 상황에서도 적절한 판단을 내릴 수 있게 하는 데 핵심 역할을 한다. 이 기술은 레이더, 라이다, 카메라 등 다양한 센서를 활용하여 차량 주변의 상세한 정보를 수집하고, 이를 통해 차량이 안전하게 운행할 수 있는 경로를 결정한다. AI 알고리즘은 방대한 양의 데이터를 실시간으로 처리하고 분석하여, 차량이 다양한 도로 조건과 예측 불가능한 상황을 정확하게 인식하도록 한다.

그러나 이러한 기술적 발전에도 불구하고 여러 도전 과제들이 존재한다. 복잡한 도로 환경에서의 데이터 처리와 분석은 매우 어렵다. 예를 들어, 악천후 조건에서 센서의 인식 능력이 저하하거나, 갑작스럽게 도로 상황이 변화할 때 AI가 적절히 대응하도록 하기 위한 알고리즘의 결정이 쉽지 않다. 데이터의 프라이버시와 보안 문제는 AI 기반 환경 감지 기술이 직면한 중요한 도전 과제 중 하나다. 대량의 개인 데이터를 수집하고 처리할 수 있는 이 기술은 사용자의 프라이버시 침해와 데이터 유출의 위험을 수반한다. 따라서, 데이터 보호를 위한 엄격한 규제와 기술적 보호 조치의 필요성이 대두된다.

기술적 오류와 책임 소재 문제도 중요한 고려 사항이다. AI 시스템이 결함이나 오류로 인해 잘못된 판단을 내릴 경우, 그로 인한 사고의 책임 소재를 어떻게 할당할 것인가는 매우 복잡한 문제다. 이와 관련하여, 기술적 오류에 대한 명확한 기준과 법적 체계의 마련이 필요하다.

AI 기반 환경 감지 기술의 발전은 자율주행차량의 안전성과 효율성을 크게 향상할 잠재력을 지니고 있다. 그러나 이 기술의 발전과 적용 과정에서 발생하는 여러 도전 과제들을 해결하기 위해서는 기술적, 법적, 윤리적 측면에서의 지속적인 노력이 필요하다. 기술 개발자, 정책 입안자, 그리고 사회 구성원 모두가 참여하는 포괄적인 논의와 검토가 필요한 시점이다. AI 기술의 건강한 발전을 위해 이러한 도전 과제들에 대한 깊은 이해와 적극적인 대응이 요구되며, 이는 기술 개발자, 정책 입안자, 그리고 사회 전체의 협력을 통해 이루어질 수 있다. AI와 환경 감지 기술의 미래는 이러한 과제에 대한 우리의 대응에 달려 있다.

환경 감지 기술의 윤리적 및 사회적 영향

인공지능의 급속한 발전은 자율주행차량을 비롯한 여러 현대 기술에서 환경 감지 기능을 혁신적으로 향상하고 있다. 이 기술은 센서와 AI 알고리즘을 결합하여 주변 환경의 복잡한 정보를 실시간으로 수집하고 분석함으로써 기계가 인간과 같거나 그 이상의 정확도로 환경을 이해할 수 있게 한다. 환경 감지 기술의 발전은 교통 안전의 증진, 이동 효율성의 향상, 새로운 서비스 및 기술의 창출을 가능하게 한다. 그러나 이 기술의 발전과 적용은 윤리적 · 사회적 측면에서 중요한 도전 과제를 제기한다.

윤리적 측면에서 환경 감지 기술이 수집하는 데이터는 개인의 프라이버시와 직결된다. 도로상의 차량, 보행자, 심지어 개인의 생활공간까지도 카메라와 센서에 의해 기록될 수 있으며, 이러한 정보의 부적절한 처리는 심각한 프라이버시 침해로 이어질 수 있다. AI에 의한 결정 과정의 투명성 부족은 사람들이 AI의 결정을 신뢰하기 어렵게 만든다. AI가 어떠한 기준으로 결정을 내리는지, 오류 발생 시 책임 소재는 어떻게 되는지에 대한 명확한 설명이 필요하다.

사회적 측면에서 이 기술이 가져올 일자리 변화와 접근성 개선은 중요한 이슈다. 자율주행차량의 보급이 증가하면 운전을 직업으로 하는 많은 사람들이 영향을 받을 수 있으며, 이에 대한 적절한 대비책과 전환 기회의 제공이 필요하다. 반면, 이 기술은 이동성이 제한된 사람들에게 새로운 기회를 제공하여 더욱 포용적인 사회를 만드는 데 기여할 수 있다.

이러한 윤리적 및 사회적 도전 과제에 대응하기 위해서는 규제와 정책의 마련, 기술적 해결책의 개발, 광범위한 사회적 대화가 필요하다. 정부와 규제 기관은 데이터 보호, AI의 결정 과정 투명성, 기술적 오류에 대한 책임 규정 등을 명확히 하는 법적 프레임워크를 구축해야 한다. 기술 개발자들은 프라이버시 보호, 결정 과정의 투명성을 높이는 알고리즘, 사용자의 신뢰를 구축할 수 있는 기술적 방안을 모색해야 한다. 또한, 이 기술의 발전이 사회에 미치는 영향에 대해 국민들이 이해하고, 그에 대한 의견을 제시할 수 있는 기회를 제공하는 것도 중요하다.

환경 감지 기술의 발전은 인류에게 많은 혜택을 가져다줄 잠재력을 지니고 있다. 그러나 그 혜택을 최대화하고, 잠재적인 부정적 영향을 최소화하기 위해서는 윤리적 · 사회적 책임을 고려한 접근이 필수적이다. 이를 통해, 우리는 기술의 발전을 사회적 가치와 조화롭게 이끌어 갈 수 있다.

AI와 환경 감지 기술의 미래 발전 방향

인공지능과 환경 감지 기술은 현재 기술 혁신의 최전선에 서 있다. 이들 기술의 미래 발전 방향은 사회 전반에 광범위한 영향을 미칠 것으로 예상된다. AI 기반 환경 감지 기술은 자율주행차, 스마트 시티, 개인 보안 시스템 등 다양한 분야에서 사용되며, 이는 우리의 일상생활, 교통 시스템, 그리고 도시의 운영 방식을 근본적으로 변화시킬 잠재력을 지니고 있다.

데이터 처리 능력의 향상은 미래 AI 시스템이 현재보다 훨씬 많은 양의 데이터를 더 빠르고 효율적으로 처리할 수 있게 만들 것이다. 이러한 능력의 향상은 고도로 발전된 학습 알고리즘과 더욱 강력한 컴퓨팅 하드웨어의 발전에 의해 가능해질 것이다. 데이터 처리 능력의 향상은 AI가 환경을 더욱 정확하게 인식하고, 복잡한 상황에서도 신속하게 적절한 판단을 내릴 수 있게 한다.

센서 기술의 고도화는 더 넓은 범위를 포착하고, 더 높은 해상도의 데이터를 제공할 수 있게 해 줄 것이다. 고도화된 센서 기술은 AI가 주변 환경에 대해 더욱 상세한 정보를 획득할 수 있게 해 주며, 이는 보다 정밀한 환경 인식과 의사 결정을 가능하게 한다.

AI 알고리즘의 진화는 환경 감지 기술의 정확도와 신뢰성을 크게 향상할 것이다. 더욱 진화한 알고리즘은 복잡한 환경 데이터를 효과적으로 해석하고, 예측 능력을 향상해, AI 시스템이 더욱 정교한 의사 결정을 내릴 수 있도록 할 것이다.

이러한 기술적 진보는 사회에 다양한 혜택을 가져다 줄 것이다. 자율주행차량의 경우, 더욱 정확한 환경 감지는 교통사고 감소, 교통 흐름의 최적화, 운전자의 편의성 증진에 기여할 것이다. 스마트 시티에서는 공공 안전의 향상, 에너지 효율의 최적화, 시민들의 삶의 질 개선에 도움을 줄 것이다.

그러나 이러한 기술의 발전은 윤리적 · 사회적 고려 사항을 동반한다. 데이터 프라이버시, 보안, 그리고 AI 결정 과정의 투명성과 책임 문제는 미래 기술 발전의 중요한 이슈가 될 것이다. 이러한 도전 과제에 대응하기 위해, 개인정보 보호를 위한 엄격한 규제와 정책, 데이터 보안을 강화하는 기술적 조치, AI 의사 결정 과정의 투명성을 높이는 메커니즘이 필요하다.

또한, 이 기술이 가져올 사회적 변화, 특히 일자리의 변화와 접근성 개선에 대한 적극적인 대응이 필요하다.

기술 발전에 따른 경제적, 사회적 영향을 최소화하고, 모든 사람이 기술 혁신의 혜택을 누릴 수 있도록 하는 포괄적인 전략이 중요하다.

결론적으로, AI와 환경 감지 기술의 미래는 매우 밝으며, 이는 우리 삶의 여러 분야에서 혁신을 가져올 것이다. 그러나 이러한 기술의 건강한 발전을 위해서는 윤리적 · 사회적 책임을 고려한 접근 방식이 필수적이다. 기술 발전이 인간과 사회의 복지를 증진하는 방향으로 이루어지도록 노력하는 것이 중요하다. AI와 환경 감지 기술의 미래는 이러한 복합적인 요소들을 어떻게 조화롭게 관리하고 활용하느냐에 달려 있다.

참고문헌

김석준(2021). 『전기 자동차와 자율주행』. 커뮤니케이션북스.

김재휘(2023). 『인공지능 / 연결기반 자율주행차량』. 골든벨.

장원제(2022). 자율주행을 위한 3차원 라이다 인지 기술. ≪KISDI AI Outlook≫, 11월호, 21~38.

Himeur, Y., et al.(2022). Using artificial intelligence and data fusion for environmental monitoring: A review and future perspectives. *Information Fusion, 86*, 44~75.

Asadnia, M., Rrzmjou, A., & Beheshti, A.(ed.)(2022). *Artificial Intelligence And Data Science in Environmental Sensing.* Academic Press.

04
AI와 안전 편의 기술

AI와 첨단 센서를 활용한 자율주행 기술은 도로 위의 안전성을 향상하고, 운전의 편의성을 증진하며, 교통 체증을 감소하는 데 기여한다. 충돌 방지, 차선 유지, 적응형 크루즈 컨트롤, 자동 주차 시스템 등 다양한 안전 편의 기술을 통해, 자율주행차는 보다 안전하고 효율적인 운전을 가능하게 한다. 이러한 기술의 발전은 머신러닝과 디프러닝 알고리즘의 발전에 힘입어, 환경을 더 정확하게 인식하고 복잡한 도로 상황에 효과적으로 대응할 수 있도록 한다.

AI와 사주?

자율주행 기술로 구현되는 미래의 안전 운전

자율주행차의 안전 운전은 여러 첨단 기술이 유기적으로 결합해 실현된다. 무엇보다 충돌 방지 시스템은 도로 안전을 위한 핵심 기능이다. 차량에 장착된 라이다, 레이더, 초음파 센서, 카메라 등이 주변 차량과 보행자, 자전거, 돌발 장애물을 끊임없이 감지하고, 인공지능은 이 데이터를 즉각 분석해 잠재적 위험을 예측한다. 만약 앞차가 급정거하거나 보행자가 갑자기 차도로 뛰어드는 경우, 시스템은 인간 운전자보다 훨씬 빠른 속도로 제동을 걸거나 조향을 조정해 사고를 예방하거나 피해를 최소화한다.

차선 유지 보조 기능 역시 중요한 역할을 한다. 카메라는 차선을 추적하며 차량이 이탈할 조짐을 보이면 자동으로 핸들을 보정한다. 이는 장거리 고속 주행에서 졸음이나 부주의로 인한 사고를 크게 줄여 준다. 여기에 교통 신호 및 표지판 인식 기술이 더해져 차량은 신호등의 색이나 제한 속도, 정지 표지판 등을 정확히 파악하고, 스스로 감속하거나 정차하면서 법규를 준수한다. 운전자의 순간적 실수나 부주의가 사고로 이어지지 않도록 보완하는 것이다.

운전자 모니터링 시스템은 인간의 인지적 한계를 보

완하는 장치로, 내부 카메라와 센서가 시선 방향과 눈 깜박임, 머리 각도 등을 실시간으로 감시한다. 졸음이나 주의 분산이 감지되면 경고음을 울리고, 경우에 따라 차량이 스스로 속도를 줄이거나 정차한다. 심박수나 호흡과 같은 생체 신호까지 분석하여 응급 상황 발생 시 자동으로 구조 요청을 보내는 기능도 연구되고 있다. 이는 완전 자율주행으로 가는 과정에서 인간과 기계가 협력하는 과도기적 안전 장치로서 의미가 크다.

여기에 더해 차량 간 통신(V2V)과 차량-인프라 통신(V2I) 기술은 개별 차량의 감지 능력을 넘어서는 확장된 안전성을 제공한다. 인접 차량과 속도·위치 정보를 교환해 보이지 않는 사각지대의 접근을 미리 파악하고, 도로 인프라와 데이터를 주고받아 사고 구간이나 공사 현황, 신호등 변환 주기 같은 정보를 실시간으로 활용한다. 교차로나 합류 구간처럼 복잡한 환경에서 돌발 상황을 예방하는 데 탁월한 효과를 발휘한다.

또한 도로 상태와 기상 예측 기술은 빗길, 눈길, 안개, 결빙 구간을 조기에 탐지하고 차량이 스스로 감속하거나 회피 경로를 계산하도록 한다. 블랙 아이스와 같은 위험 구간에서 운전자의 개입 없이도 선제적 대응이 가능해져, 악천후 환경에서도 주행 안정성을 보장한다. 더 나아가 사이버 보안 기반 안전 제어 시스템은 자율주행차가 외부 네트워크와 연결되어 발생할 수 있는 해킹이나 악의적 공격을 실시간으로 차단한다. 이는 물리적 사고뿐 아니라 보이지 않는 디지털 위협으로부터도 차량을 보호해, 안전 운행을 이중으로 보장한다.

이처럼 충돌 방지, 차선 유지, 신호·표지판 인식, 운전자 모니터링, V2V/V2I 통신, 도로·기상 예측, 사이버 보안 등 다양한 기술이 긴밀히 연동되면서 자율주행차는 인간 운전자의 한계를 뛰어넘는 안전성을 확보하고 있다. 그 결과 자율주행차는 단순히 사고 피해를 줄이는 수준을 넘어, 사고 자체를 사전에 차단하는 새로운 교통 생태계를 만들어 가고 있다.

일상의 편의를 증진하는 자율주행차의 기능

자율주행차는 단순히 운전의 안전성을 높이는 데 그치지 않고, 사용자의 일상을 보다 편리하게 만드는 다양한 기능을 제공한다. 이러한 편의 기능들은 운전자의 스트레스를 줄이고, 이동 시간을 효율적으로 활용할 수 있도록 하며, 나아가 교통과 생활 환경 전반의 질을 향상시키는 역할을 한다.

적응형 크루즈 컨트롤(ACC)은 운전자가 직접 가속과

제동을 반복하지 않아도 차량이 앞차와의 거리를 유지하면서 속도를 자동으로 조절하도록 한다. 장거리 주행에서는 피로를 줄이고, 도심 정체 상황에서도 부드러운 주행을 가능하게 하여 교통 흐름을 개선한다. 또한 불필요한 연료 소모를 줄이고 운송 산업의 효율성을 높이는 데 기여한다.

자동 주차 시스템은 차량이 스스로 주차 공간을 탐색하고 최적의 경로를 계산해 주차 과정을 수행하도록 한다. 운전자는 버튼만 누르면 복잡한 조향이나 반복적인 이동 없이 손쉽게 주차를 마칠 수 있어, 좁은 공간이나 혼잡한 환경에서 편리하다. 최근에는 차량이 스스로 빈 공간을 찾아 주차하는 자율 발레 파킹 기술도 연구되고 있다.

개인화된 경로 추천 기능은 단순한 내비게이션을 넘어, 실시간 교통 상황과 사용자의 이동 패턴을 학습해 최적의 경로를 제시한다. 출퇴근 시간에는 혼잡을 피하고, 장거리 이동 시에는 충전소와 휴게소 위치까지 고려해 효율적인 이동을 돕는다. 이로써 시간과 비용을 절약하고 쾌적한 이동을 가능하게 한다.

차량 내 인포테인먼트 환경은 자율주행 모드의 장점을 활용해 탑승자가 독서, 영화 감상, 업무 등 다양한 활동을 할 수 있도록 한다. 이동 시간이 단순한 대기 시간이 아니라 생산적이고 즐거운 시간으로 바뀌며, 디스플레이와 음성 인식 기능은 탑승자의 만족도를 높인다.

스마트홈 · 스마트시티 연동 기능은 자율주행차가 생활 플랫폼으로 확장되는 모습을 보여준다. 차량이 가전제품이나 보안 시스템과 연결되어 이동 중에도 집안 상태를 제어할 수 있고, 귀가 시 조명이 자동으로 켜지는 서비스가 가능하다. 도시 인프라와 연동되면 교통 신호나 도로 시스템과의 정보 교환을 통해 더욱 효율적인 이동을 실현할 수 있다.

승차 공유와 호출 서비스는 차량 소유의 부담을 줄이고 교통 효율성을 높이는 새로운 방식이다. 자율주행차가 스스로 이용자의 위치로 이동해 목적지까지 데려다준 뒤 다음 승객을 맞이하는 방식으로 운영되며, 주차 문제 해결과 교통 혼잡 완화에 기여한다. 이동성이 제한된 사람들에게도 새로운 접근성을 제공해 사회적 포용성을 높인다.

이처럼 자율주행차의 편의 기능은 운전자의 부담을 줄이는 것을 넘어 이동 시간을 효율적으로 활용하고, 주차와 경로 선택 같은 번거로움을 덜어주며, 도시와 생활의 질을 전반적으로 향상시킨다. 자율주행차는 더 이상

단순한 교통수단이 아니라, 인간의 삶을 안전하고 풍요롭게 만드는 이동 기반 생활 플랫폼으로 자리매김하고 있다.

참고문헌

국토교통부, 한국교통안전공단(2022). 『레벨 4 자율주행자동차 제작·안전 가이드라인』. 진한엠앤비.

김규옥(2020). 자율주행차의 안전과 사회적 수용성 확보 방안. ≪월간교통≫, 273호, 6~12.

김석준(2021). 『전기 자동차와 자율주행』. 커뮤니케이션북스.

김재휘(2023). 『인공지능 / 연결기반 자율주행차량』. 골든벨.

Muhammad, K., Ullah, A., Lloret, J., Del Ser, J., & de Albuquerque, V. H. C.(2020). Deep learning for safe autonomous driving: Current challenges and future directions. *IEEE Transactions on Intelligent Transportation Systems, 22*(7), 4316–4336.

05
AI와 보안 기술

AI 기반 보안 기술은 자율주행차 보호에 필수적이다. 차량 데이터 분석으로 보안 위협을 실시간 감지하고 대응한다. 해킹, 소프트웨어 취약점 등을 자동으로 처리하며, 비정상 데이터 패턴을 감지해 위협에 대응한다. AI는 지속적으로 학습하여 보안을 강화하고, 자율주행차가 안전하게 운행될 수 있도록 지원한다. AI 보안은 차량 자체 보호 능력을 향상하며, 복잡한 보안 환경에서의 운행 안정성을 보장한다.

AI와 아이돌?

AI 기반 보안 위협 감지 및 대응 메커니즘

AI 기반 보안 기술은 자율주행차의 안전한 운행에 필수 요소가 되었다. 이 기술은 차량이 수집한 방대한 데이터를 분석하여, 다양한 보안 위협을 실시간으로 감지하고 이에 적절히 대응할 수 있도록 지원한다. 특히, 해커의 공격, 소프트웨어의 취약점, 비정상적인 네트워크 활동과 같은 위협으로부터 차량을 보호하는 데 중요한 역할을 한다.

자율주행차에 탑재된 AI 기반 보안 시스템은 차량의 센서와 네트워크 트래픽을 지속적으로 모니터링한다. 이 시스템은 머신러닝 알고리즘을 활용하여 정상적인 데이터와 비정상적인 데이터 패턴을 구분한다. 비정상적인 패턴이 감지되면, 시스템은 자동으로 위협의 심각성을 평가하고 적절한 대응 조치를 취한다. 이는 차량이 스스로 위협을 인식하고 대응할 수 있는 능력을 의미한다.

대응 조치는 위협의 유형에 따라 다양하다. 예를 들어, 해킹 시도가 감지되면, 시스템은 차량의 중요한 제어 시스템에 대한 접근을 즉각적으로 차단하고, 보안 관리자에게 경고를 발송한다. 또한, 소프트웨어 취약점이 발견될 경우, 시스템은 자동으로 필요한 보안 패치를 다운

로드하고 설치하여, 취약점을 신속하게 해결할 수 있다.

AI 기반 보안 시스템의 가장 큰 장점 중 하나는 지속적인 학습과 개선 능력이다. 시스템은 새로운 보안 위협과 공격 기법을 지속적으로 학습하여, 보안 대응 전략을 개선한다. 이는 시간이 지남에 따라 시스템이 더욱 정교하고 효과적으로 보안 위협에 대응할 수 있게 한다.

AI 기반 보안 시스템의 발전은 또한 차량 제조사와 보안 연구원들에게 중요한 데이터와 인사이트를 제공한다. 이를 통해 자율주행차 산업 전반의 보안 수준을 높이고, 차량과 탑승자의 안전을 보장하는 데 기여할 수 있다.

AI 기반 보안 위협 감지 및 대응 메커니즘은 복잡한 보안 환경에서도 자율주행차의 안전한 운행을 보장한다. 이 기술은 차량의 자율성과 탑승자의 안전을 동시에 증진하며, 자율주행차의 신뢰성과 사회적 수용성을 높이는 데 중요한 역할을 한다. AI 기술의 지속적인 발전과 함께, 우리는 더욱 안전하고 신뢰할 수 있는 자율주행차의 미래를 기대할 수 있다.

사용자 데이터 보호와 AI 기술의 역할

자율주행차의 등장은 우리의 이동 방식을 혁신적으로

변화시키고 있으며, 이 과정에서 AI 기술은 사용자 데이터 보호의 핵심 요소로 자리 잡고 있다. AI는 자율주행차가 수집한 방대한 양의 데이터를 안전하게 처리하고 관리하는 데 중요한 역할을 하며, 이는 사용자의 프라이버시를 보호하는 데 필수적이다.

AI 기술은 민감한 사용자 데이터를 보호하기 위한 암호화 및 익명화 과정에서 핵심적인 역할을 한다. 이러한 기술을 통해, 사용자의 개인정보는 외부의 무단 접근으로부터 안전하게 보호되며, 사용자의 신원을 보호하면서도 필요한 데이터 분석과 서비스 제공이 가능하다.

또한, AI는 비정상적인 데이터 접근 시도를 감지하고 대응하는 데 사용된다. 머신러닝 알고리즘은 정상적인 사용 패턴과 비정상적인 패턴을 학습하여, 잠재적인 위협을 실시간으로 식별할 수 있다. 이는 해킹 시도나 데이터 유출과 같은 보안 위협에 신속하게 대응할 수 있게 하며, 사용자 데이터의 안전을 추가적으로 강화한다.

AI 기반의 데이터 관리 시스템은 사용자가 자신의 데이터를 효과적으로 통제할 수 있도록 지원한다. 이 시스템을 통해 사용자는 자신의 데이터에 대한 접근 권한을 설정하고, 원하는 경우 데이터의 삭제나 수정을 요청할 수 있다. 이는 사용자의 데이터에 대한 투명성과 통제권을 강화하며, 사용자와의 신뢰를 구축하는 데 기여한다.

사용자 데이터 보호에서 AI 기술의 책임은 단순히 기술적인 해결책을 넘어선다. AI 기술의 개발과 적용 과정에서는 사용자의 프라이버시와 데이터 보호를 최우선으로 고려해야 하며, 이를 위한 윤리적 지침과 법적 규제의 준수가 요구된다. AI 기술과 관련된 정책과 규정은 지속적으로 검토되고 업데이트되어야 하며, 이는 사용자의 신뢰를 유지하고 AI 기술의 사회적 수용을 촉진하는 데 중요하다.

AI 기술은 자율주행차의 사용자 데이터 보호에서 중심적인 역할을 한다. AI는 데이터의 안전한 처리와 관리, 위협 감지 및 대응, 사용자의 데이터 통제력 강화에 필수적이며, 이를 통해 사용자의 프라이버시를 보호하고 신뢰를 구축한다. AI 기술의 발전과 함께, 우리는 더욱 안전하고 신뢰할 수 있는 자율주행차의 미래를 기대할 수 있다.

AI 보안 기술과 법적 규제의 조화

자율주행차와 AI 보안 기술의 발전이 급속도로 이루어지고 있는 현 시점에서, 이들 기술과 법적 규제의 조화는 더욱 중요해지고 있다. AI 기술이 자율주행차의 안전성과 효율성을 크게 향상하는 한편, 이러한 기술의 사회적 수용과 법적 책임성 확보는 복잡한 도전 과제를 제시한다.

AI 보안 기술은 자율주행차가 마주할 수 있는 다양한 위협으로부터 차량을 보호하는 데 필수적이다. 예를 들어, AI는 차량의 네트워크 트래픽을 모니터링하여 비정상적인 데이터 전송이나 해킹 시도를 감지할 수 있다. 이러한 기술은 또한 차량 시스템 내의 소프트웨어 취약점을 식별하고, 적절한 보안 패치를 자동으로 적용함으로써, 차량을 최신의 보안 상태로 유지하는 데 도움을 준다. AI 기반의 보안 시스템은 이처럼 지속적으로 학습하고 적응하면서, 새롭게 등장하는 위협에 대응할 수 있는 능력을 갖춘다.

법적 규제는 AI 보안 기술의 개발과 적용이 사용자의 권리와 프라이버시를 존중하는 방식으로 이루어지도록 한다. 이는 개인 데이터 보호, 사이버 보안 기준 설정, 데이터 접근성 관리 등에 관한 명확한 지침을 제공한다. 법적 규제는 또한 AI 기술의 개발과 적용에서 투명성과 책임성을 강조함으로써, 사용자와 사회의 신뢰를 구축하는 데 기여한다.

AI 보안 기술과 법적 규제의 조화는 몇 가지 핵심 방식을 통해 달성될 수 있다. 첫째, 표준화와 인증 과정은 AI 기술의 안전성과 신뢰성을 검증하고, 국제적 협력을 통해 보안 표준을 설정한다. 둘째, 기술 개발자, 법률 전문가, 정책 입안자 간의 지속적인 대화와 협력은 기술 발전과 사회적 가치 사이의 균형을 찾는 데 필수적이다. 셋째, 사용자 교육과 인식 제고는 AI 보안 기술과 관련된 법적 규제에 대한 이해를 높이고, 책임 있는 기술 사용을 촉진한다.

AI 보안 기술과 법적 규제의 조화는 자율주행차의 안전하고 지속 가능한 발전을 위해 필수적이다. 이 조화를 통해 기술 혁신을 촉진하고, 사용자의 신뢰를 구축하며, 사회적 수용성을 보장할 수 있다. AI 기술의 지속적인 발전과 함께, 법적 규제의 유연성과 적응성 또한 중요하다. 이러한 노력을 통해 우리는 더 안전하고 신뢰할 수 있는 자율주행차의 미래를 기대할 수 있다.

참고문헌

국토교통부·한국교통안전공단(2022). 『레벨 4 자율주행자동차 제작·안전 가이드라인』. 진한엠앤비.

권순홍·이종혁(2020). 자율 주행 자동차 보안 위협 및 기술 동향. ≪정보보호학회지≫, 30권 2호, 31~39.

좋은정보사(2023). 『AI시대 사이버보안 기술개발 동향과 주요국 전략정책 및 이슈분석』. 좋은정보사.

Bertino, E., et al. (2021). AI for Security and Security for AI. In: Proceedings of the Eleventh ACM Conference on Data and Application Security and Privacy. pp. 333-334.

06
자율주행과 도시 인프라

자율주행차의 등장은 도시 교통의 패러다임을 전환하며, 교통 효율성 증대, 사고 감소, 환경오염 저감에 기여한다. 이 기술은 최적의 경로 선택, 안전거리 유지로 체증을 줄이고, 고도의 센서로 사고를 방지한다. 또한, 운행 효율성을 높여 환경에 덜 해롭다. 도시 계획가와 정책 입안자는 인프라 재설계와 새 교통 시스템 개발을 통해 자율주행차를 통합해야 한다. 이는 도시 교통 체계를 더 안전하고 효율적으로 만들며, 모두에게 이득이 되는 환경을 조성할 전망이다.

AI와 야구?

도시 교통 변화와 자율주행차

자율주행차의 등장은 도시 교통의 패러다임을 전환하는 중요한 변화의 시작점이다. 이러한 변화는 교통 효율성의 증대, 교통사고의 감소, 환경오염의 저감이라는 세 가지 주요 영역에서 두드러진다.

교통 효율성의 증대는 자율주행차 기술의 가장 확실한 약속 중 하나다. 이 차량들은 실시간 데이터 분석을 통해 최적의 경로를 선택하고, 차량 간의 안전거리를 유지함으로써 교통 체증을 줄이고 도로 사용의 효율성을 높인다. 이는 도시의 교통 흐름을 개선하고, 운전자와 승객 모두에게 시간 절약의 이점을 제공한다.

교통사고의 감소는 자율주행차의 또 다른 중대한 이점이다. 고도로 발달한 센서와 알고리즘을 통해 이 차량들은 주변 환경을 정밀하게 인식하고, 잠재적인 위험을 사전에 감지하여 사고를 방지한다. 이는 특히 인간 운전자의 실수로 인한 사고를 줄이는 데 기여하며, 도시 교통의 안전성을 크게 향상한다.

환경오염의 감소는 자율주행차가 제공하는 또 다른 중요한 혜택이다. 이 차량들은 운행의 효율성을 높이고 연료 소비를 줄임으로써 이산화탄소 배출량을 감소한다. 특히 전기 자율주행차는 화석 연료 사용을 줄이고,

도시의 공기 질을 개선하는 데 크게 기여한다.

이러한 변화는 도시 교통 시스템에 새로운 도전과 기회를 제시한다. 도시 계획가와 교통 정책 입안자는 자율주행차의 통합을 위해 인프라를 재설계하고, 새로운 교통 관리 시스템을 개발해야 한다. 이 과정에서, 도시는 더욱 효율적이고 안전하며 지속 가능한 교통 시스템을 구축할 수 있는 기회를 갖게 된다.

자율주행차와 도시 인프라 간의 긴밀한 통합은 도시 교통의 미래를 밝게 할 전망이다. 이 기술적 혁신은 도시의 교통 시스템을 더욱 안전하고 효율적으로 만들며, 모두에게 이익이 되는 도시 환경을 조성할 잠재력을 가지고 있다. 자율주행차의 도입과 함께 발생하는 이러한 변화는 도시 교통의 미래를 재정의하며, 도시 주민들의 삶의 질을 개선하는 방향으로 도시를 발전시킬 것이다.

자율주행차와 스마트 시티 통합

자율주행차와 스마트 시티의 통합은 현대 도시의 교통 시스템과 시민의 생활 방식에 혁신적인 변화를 가져오는 중요한 추진력이다. 이 통합은 교통 효율성의 증대, 교통 안전성의 향상, 환경 지속 가능성의 강화라는 세 가지 핵심 측면에서 그 가치를 드러낸다.

교통 효율성의 증대는 자율주행차가 스마트 시티와 상호작용하면서 실현되는 주요 혜택 중 하나다. 자율주행차는 도시 전역에 배치된 센서와 카메라로부터 수집된 데이터를 활용하여, 실시간 교통 상황을 파악하고 최적의 경로를 결정한다. 이러한 과정은 교통 체증을 줄이고, 도시 전체의 교통 흐름을 개선하는 데 기여한다. 또한, V2X(Vehicle to Everything) 통신 기술은 차량이 도로 인프라, 다른 차량, 그리고 보행자와 정보를 공유하게 함으로써, 교통 시스템의 효율성을 더욱 증대한다.

교통 안전성의 향상은 자율주행차와 스마트 시티 통합의 또 다른 중요한 측면이다. 자율주행차는 첨단 센서와 알고리즘을 통해 주변 환경을 정밀하게 인식하고, 잠재적인 위험을 사전에 감지하여 충돌을 예방한다. 이는 인간 운전자의 오류로 인한 사고를 감소하고, 도시 내 교통 안전을 크게 향상한다. 스마트 시티의 지능형 교통 신호 시스템과 결합될 때, 자율주행차는 보다 안전하고 효율적으로 운행할 수 있다.

환경 지속 가능성의 강화는 자율주행차와 스마트 시티 통합이 추구하는 핵심 목표 중 하나다. 자율주행차의 효율적인 운행 방식은 연료 소비를 줄이고, 탄소 배출을 감소하는 데 기여한다. 특히, 전기 자율주행차의 활용은 도시의 탄소 발자국을 줄이고, 대기 질을 개선하는 데 중요한 역할을 한다. 스마트 시티 내에서 자율주행차의 운영은 에너지 사용의 최적화와 환경적 지속 가능성을 실현하는 데 기여한다.

결론적으로, 자율주행차와 스마트 시티의 통합은 도시의 미래를 형성하는 데 중대한 영향을 미친다. 이 통합은 도시 교통 시스템의 효율성을 증대하고, 교통안전을 향상하며, 환경 지속 가능성을 강화한다. 앞으로도 이러한 통합의 진전은 지속적으로 발전할 것이며, 이는 보다 스마트하고 안전하며 지속 가능한 도시 생활을 영위할 수 있게 해 줄 것이다.

미래 도시 설계와 자율주행차의 역할

자율주행차의 등장은 미래 도시 설계에 혁신적인 변화를 가져오고 있다. 이 변화는 교통 시스템의 혁신, 인프라 구축의 변화, 공간 활용의 최적화, 지속 가능한 도시 환경 조성이라는 네 가지 주요 측면에서 명확하게 드러난다.

교통 시스템의 혁신은 자율주행차가 스마트 시티와 상호작용하면서 실현되는 주요 혜택 중 하나다. 자율주행차는 실시간 데이터를 활용하여 최적의 경로를 결정하고, 차량 간의 안전거리를 유지하여 교통 체증을 줄이며 도시 전체의 교통 흐름을 개선한다. V2X 통신 기술을 통해 차량이 도로 인프라, 다른 차량, 그리고 보행자와 정보를 공유함으로써, 교통 시스템의 효율성은 더욱 증대된다.

인프라 구축의 변화는 미래 도시 설계에서 자율주행차가 중요한 역할을 한다는 것을 시사한다. 자율주행차의 보급으로 인해 전통적인 주차 공간에 대한 수요가 감소하고, 이로 인해 해방된 공간은 주거, 상업, 레저 용도 등 다양한 목적으로 재개발될 수 있다. 새로운 인프라, 예를 들어 자율주행차를 위한 충전소와 서비스 스테이션의 도입은 도시의 에너지 공급 시스템에도 변화를 가져온다.

공간 활용의 최적화는 자율주행차가 도시의 공간을 보다 효율적으로 활용하게 하는 데 기여한다. 주차 공간의 필요성 감소는 도심 공간을 보다 유연하게 활용할 수 있게 하며, 이는 공공 공간, 녹지 공간, 그리고 사회 기반 시설의 확장으로 이어진다. 자율주행차의 효율적인 운행은 또한 도시 외곽과 중심 지역 간의 연결성을 강화하고, 도시의 확장성을 증대한다.

지속 가능한 도시 환경 조성은 자율주행차와 스마트

시티 통합의 중요한 목표다. 자율주행차의 효율적인 운행은 연료 소비를 줄이고, 이산화탄소 배출을 감소함으로써, 환경적 지속 가능성에 기여한다. 전기 자율주행차의 활용은 재생 가능 에너지원과의 통합을 통해 도시의 에너지 지속 가능성을 더욱 강화한다.

자율주행차는 미래 도시 설계에서 중대한 변화를 가져오는 주요 요소다. 이 기술은 교통 시스템의 효율성을 증대하고, 인프라 구축과 공간 활용 방식을 변화시키며, 지속 가능한 도시 환경을 조성하는 데 기여한다. 앞으로 자율주행차의 기술 발전과 스마트 시티와의 통합은 지속적으로 진화할 것이며, 이는 더욱 스마트하고, 안전하며, 지속 가능한 미래 도시의 실현으로 이어질 것이다.

참고문헌

윤재용·김보성·윤덕근(2022). 자율주행시대 도로 인프라 변화 방향 조사. ≪교통기술과정책≫, 19권 4호, 25~29.

한영준·윤서연·정상미(2023). 『자율주행시대 서울의 도시 환경변화와 대응방향』. 서울연구원.

Yaqoob, I., Khan, L. U., Kazmi, S. A., Imran, M., Guizani, N., & Hong, C. S.(2019). Autonomous driving cars in smart cities: Recent advances, requirements, and challenges. *IEEE Network, 34*(1), 174~181.

07
자율주행을 위한 기술과 교육

자율주행차 기술의 이해는 엔지니어, 프로그래머, 일반 대중에게 필수적이며, 센서, AI, 머신러닝의 기초 위에 구축된다. 이 기술에 대해서는 교육을 통해 교통, 안전, 환경적 영향을 포함한 폭넓은 이해가 필요하다. 또한, 자율주행차 개발과 사회 통합 과정에서 발생할 윤리적, 법적 문제에 대한 인식이 중요하다. 교육 프로그램은 이론과 실습을 결합하여 학생들이 기술 원리를 실제 상황에 적용할 수 있게 해야 하며, 일반 대중 교육을 통해 자율주행차에 대한 오해를 줄이고 잠재적 이점을 알려야 한다.

AI와 운동주?

자율주행 기술의 기초와 발전

자율주행차 기술은 현재 우리 사회에서 가장 혁신적인 기술 중 하나다. 이 기술의 기초와 발전을 이해하는 것은 미래의 엔지니어, 프로그래머, 그리고 일반 대중에게 필수적인 교육 과정이다.

자율주행차의 기술적 기초는 다양한 센서, 인공지능, 그리고 머신러닝 알고리즘에 기반을 둔다. 이 센서들은 주변 환경을 인지하고, AI는 이 데이터를 분석하여 운전 결정을 내린다는 것이 핵심이다. 라이다, 레이더, 그리고 카메라와 같은 센서는 차량이 주변을 정밀하게 인식할 수 있게 하며, 이는 자율주행차가 안전하게 운행될 수 있는 기반을 제공한다.

교육적인 측면에서 볼 때, 자율주행 기술의 발전을 이해하기 위해서는 먼저 이러한 기술적 기초에 대한 체계적인 교육이 필요하다. 이는 기술적인 세부 사항뿐만 아니라, 이 기술이 교통, 안전, 환경에 미치는 영향을 포괄적으로 다루어야 한다. 또한, 자율주행차가 직면할 수 있는 윤리적, 법적 문제에 대한 이해도 중요하다.

자율주행 기술의 발전 과정을 배우는 것은 이 기술의 가능성과 한계를 모두 이해하는 것을 의미한다. 이는 자율주행차가 사회에 통합되면서 발생할 수 있는 다양한 시나리오를 예측하고, 적절한 대응 방안을 모색하는 데 필수적이다. 예를 들어, 자율주행차가 실제 도로에서 운행되기 위해서는 안전성을 입증하고, 법적 기준을 충족해야 한다. 이러한 과정은 복잡한 기술적 도전과 함께, 사회적 · 법적 적응도 요구한다.

미래의 자율주행차 개발자와 사용자를 위한 교육 프로그램은 이론적 지식과 실제 경험을 모두 포함해야 한다. 이는 학생들이 자율주행 기술의 원리를 이해하고, 이를 실제 상황에 적용할 수 있는 능력을 개발하는 데 도움이 될 것이다. 또한, 자율주행 기술의 사회적 수용을 촉진하기 위해서는 일반 대중을 대상으로 한 교육과 정보 제공도 중요하다. 이로써 자율주행차에 대한 오해를 줄이고, 이 기술의 잠재적 이점을 널리 알릴 수 있다.

자율주행 기술의 기초와 발전에 대한 교육은 단순한 기술 전달을 넘어서, 사회적, 윤리적, 그리고 법적 문제에 대한 폭넓은 이해를 포함해야 한다. 이는 미래 사회의 변화를 이끌어 갈 기술 전문가뿐만 아니라, 모든 시민이 이 혁신적인 기술을 이해하고, 적절히 활용할 수 있도록 하는 데 기여할 것이다.

자율주행차 분야의 전문 교육과 훈련

자율주행차 기술은 우리 시대의 가장 혁신적인 발전 중 하나이며, 이 분야의 전문 교육과 훈련은 미래의 기술 리더를 양성하는 데 필수적이다. 이 기술의 복잡성과 다양성은 교육 과정이 기술적 지식, 윤리적 판단, 사회적 책임감을 모두 포함해야 함을 의미한다.

교육과 훈련 프로그램은 컴퓨터 과학, 인공지능, 기계공학, 전기공학 등 다양한 분야의 지식을 통합해야 한다. 이는 자율주행차의 기술적 기반을 이해하는 데 필수적이며, 학생들이 이 분야의 복잡한 문제를 해결할 수 있는 능력을 개발하는 데 도움이 된다.

실용적인 교육과 실제 경험은 이론적 지식을 보완한다. 시뮬레이션, 프로토타입 개발, 그리고 실제 차량을 사용한 테스트 드라이브는 학생들이 자율주행 기술을 직접 적용해 보고 이해를 깊게 할 수 있는 기회를 제공한다. 이 과정에서 학생들은 데이터 분석, 소프트웨어 개발, 시스템 통합과 같은 실질적인 기술적 문제를 해결하는 방법을 배운다.

자율주행차 기술의 윤리적, 법적, 그리고 사회적 측면에 대한 교육도 중요하다. 학생들은 기술이 사회에 미치는 영향, 프라이버시 및 데이터 보안 문제, 그리고 인공지능의 윤리적 사용에 대해 배워야 한다. 이는 기술 개발자가 책임감 있는 결정을 내릴 수 있도록 준비시키는 데 중요하다.

산업계와의 협력은 교육 과정이 실제 산업의 요구를 반영하도록 보장한다. 인턴십, 협력 프로젝트, 그리고 산업 전문가의 강의는 학생들에게 산업 현장의 경험을 제공하고, 최신 기술 동향과 요구 사항에 대한 이해를 심화한다.

마지막으로, 자율주행 기술의 빠른 발전은 전문가들이 지속적인 학습과 전문성 개발을 추구해야 함을 의미한다. 온라인 코스, 전문 세미나, 산업 컨퍼런스 참여를 통해 학습하는 것은 전문가들이 최신 기술 동향에 대응하고, 전문 지식을 갱신할 수 있게 한다.

자율주행차 분야의 전문 교육과 훈련은 미래의 혁신을 주도할 인재를 양성하는 데 중심 역할을 한다. 이 교육은 기술적 역량과 더불어 윤리적 판단과 사회적 책임감을 갖춘 전문가를 배출하는 것을 목표로 해야 한다. 이러한 인재는 자율주행 기술의 발전과 사회적 통합을 선도할 것이다.

대중의 자율주행 기술 인식과 교육

자율주행차 기술은 현대 사회에서 가장 주목받는 혁신 중 하나다. 이 기술의 발전은 교통 시스템, 안전, 환경 등 여러 분야에 긍정적인 영향을 미칠 잠재력을 가지고 있다. 그러나 자율주행차가 사회에 널리 수용되고 성공적으로 통합되기 위해서는 대중의 정확한 이해와 인식이 필수적이다.

대중의 자율주행 기술에 대한 인식은 다양하다. 일부는 이 기술에 대해 낙관적이며, 교통 체증 감소, 교통사고율 저하, 환경오염 감소 등의 이점에 주목한다. 반면, 다른 일부는 안전성, 프라이버시, 그리고 일자리에 대한 우려를 표현한다. 이러한 다양한 인식은 대중 교육과 정보 제공의 중요성을 강조한다.

자율주행차에 대한 대중 교육은 기술의 기본 원리, 운영 방식, 그리고 사회적 · 경제적 영향에 대한 이해를 제공해야 한다. 교육은 또한 자율주행 기술에 대한 잘못된 정보와 편견을 바로잡는 데 초점을 맞춰야 하며, 이는 대중의 신뢰와 수용성을 높이는 데 기여할 것이다.

자율주행 기술에 대한 대중 교육의 한 방법은 대화형 워크숍, 공개 세미나, 그리고 온라인 코스를 포함한 다양한 플랫폼을 통한 접근이다. 이러한 프로그램은 자율주행차의 장점과 도전 과제에 대한 균형 잡힌 시각을 제공함으로써 대중의 이해를 돕는다.

또한, 자율주행 기술에 대한 대중 교육은 안전 규정, 윤리적 고려사항, 그리고 기술이 개인과 사회에 미칠 장기적인 영향에 대해서도 다루어야 한다. 이는 대중이 자율주행차 기술의 발전을 지원하고 적극적으로 참여하도록 독려하는 데 중요하다.

자율주행차 기술에 대한 대중의 인식과 교육을 강화하는 것은 기술 개발자, 정책 입안자, 교육자, 그리고 미디어의 협력을 필요로 한다. 이러한 다각적인 접근 방식은 대중이 자율주행차 기술의 혜택을 인식하고, 우려 사항을 표현하며, 이 기술의 사회적 통합 과정에 적극적으로 참여할 수 있도록 한다.

자율주행차 기술에 대한 대중의 인식과 교육은 이 기술의 성공적인 사회적 통합을 위해 필수적이다. 대중이 자율주행 기술을 올바르게 이해하고 수용함으로써, 이 기술은 교통의 미래를 혁신하고 사회 전반에 긍정적인 변화를 가져올 수 있다.

참고문헌

Liu, S., Li, L., Tang, J., Wu, S., Gaudiot, J.(2020). *Creating*

Autonomous Vehicle Systems. Springer. 남기혁·김은도·서영빈 옮김(2022). 『자율주행 자동차 만들기』. 에이콘출판.
서민우, 코코랩스(2023). 『파이썬 인공지능 자율주행 자동차』. 앤써북.
김성재 등(2023). 1/5 스케일 자율 주행 교육 플랫폼 개발. ≪한국정보처리학회 학술대회논문집≫, 30권 2호, 281~282.

08
자율주행과 산업 효과

자율주행 기술은 교통 및 물류 산업을 혁신하며 사회 전반에 영향을 미친다. 차량의 실시간 데이터 공유와 최적 경로 분석을 통해 효율성을 증대하고, 자율주행 배송 차량으로 물류의 정확성과 비용 효율을 향상한다. 이 기술은 또한 새로운 비즈니스 모델을 창출하고, 공공 교통 시스템을 개선하며, 다양한 산업에 영향을 미친다. 자율주행차의 발전은 교통안전을 향상하고, 이동성 제약이 있는 사람들에게 새로운 자유를 제공하며, 도시 계획과 환경에 긍정적인 변화를 가져온다.

AI와 한의학?

교통 및 물류 산업에서의 혁신

자율주행 기술의 발전은 교통 및 물류 산업에 혁명적인 변화를 가져오고 있으며, 이러한 변화는 산업의 경계를 넘어 사회 전반에 걸쳐 광범위한 영향을 미치고 있다. 자율주행 기술이 가져오는 혁신은 단순히 운송 수단의 자동화를 넘어, 운송과 물류의 근본적인 개념을 재정립하고 있다.

자율주행 기술은 교통 시스템의 효율성을 대폭 향상하는 중요한 역할을 한다. 이 기술을 통해 차량은 실시간으로 데이터를 공유하고, 도로 상황을 분석하여 최적의 경로를 선택할 수 있다. 이는 교통 체증을 감소하고, 이동 시간을 단축하며, 도로의 용량을 효과적으로 활용할 수 있게 한다. 또한, 자율주행차는 사람이 운전하는 차량에 비해 더 안정적이고 예측 가능한 운행 패턴을 보여, 도로 안전을 향상한다.

자율주행 기술은 물류 산업의 운영 방식에 혁신을 가져온다. 자율주행 트럭과 배송 차량은 상품을 더 빠르고, 정확하게, 저렴한 비용으로 목적지까지 운송할 수 있다. 이는 특히 전자상거래의 성장과 함께 소비자의 배송에 대한 기대가 높아지는 상황에서 큰 이점을 제공한다. 자율주행 배송 차량은 24시간 운영이 가능하며, 인간 운전자에 비해 피로나 실수의 가능성이 없어, 배송의 신뢰성과 효율성을 크게 향상한다.

자율주행 기술은 물류와 교통 산업뿐만 아니라, 다양한 산업 간의 연계를 통해 새로운 비즈니스 모델을 창출한다. 예를 들어, 자율주행차는 스마트 시티의 구성 요소로 통합되어, 공공 교통 시스템의 효율성을 향상하고, 도시 계획에 새로운 가능성을 제공한다. 또한, 이 기술은 보험, 엔터테인먼트, 소매 등 다른 산업에도 영향을 미치며, 이들 산업은 자율주행차의 특성을 활용한 새로운 서비스와 제품을 개발할 기회를 가진다.

자율주행 기술은 교통 및 물류 산업에서의 혁신을 넘어 사회적, 경제적 측면에서 광범위한 영향을 미친다. 이 기술의 적용은 운송과 물류의 효율성을 극대화하고, 비용을 절감하며, 산업 간 연계를 통해 새로운 가치를 창출한다. 따라서, 자율주행 기술의 발전과 적용은 미래 산업의 변화를 이끄는 주요한 동력이 될 것이다.

자동차 산업의 변화 및 새로운 비즈니스 모델

자율주행 기술의 발전은 자동차 산업에 전례 없는 변화를 가져오고 있다. 이 기술은 전통적인 자동차 제조 및 판매 모델을 재정의하고, 새로운 비즈니스 기회를 창출하며, 소비자 경험을 근본적으로 변화시킨다. 자율주행차의 등장은 자동차 산업의 생산, 마케팅, 판매 전략에 혁신적인 변화를 요구하며, 이는 산업 전반에 걸쳐 새로운 비즈니스 모델의 출현을 촉진한다.

자율주행 기술은 자동차 제조 과정에 새로운 기준을 설정한다. 자율주행차는 고도의 센서 기술, 소프트웨어, 인공지능 시스템을 필요로 하며, 이는 자동차 제조 업체들이 기술 개발과 통합에 더 많은 투자를 하도록 한다. 전통적인 자동차 제조 업체뿐만 아니라, 기술 회사들도 자율주행차 시장에 진입하고 있으며, 이는 산업 내 경쟁 구도와 협력 관계에 새로운 동향을 만들어 낸다.

자율주행 기술은 자동차 소유와 사용에 대한 기존의 개념을 변화시킨다. 자율주행차를 중심으로 한 모빌리티 서비스는 차량 공유, 구독 기반 서비스, 온디맨드 운송 등 새로운 비즈니스 모델을 가능하게 한다. 이러한 서비스 모델은 사용자에게 더 큰 유연성과 편리성을 제공하며, 자동차 산업에 새로운 수익 창출 기회를 열어 준다.

자율주행차는 운전자와 승객의 경험을 근본적으로 변화시킨다. 운전의 필요성이 제거됨에 따라, 차량 내부는 업무, 휴식, 오락 등 다양한 활동을 위한 공간으로 변모

한다. 이는 자동차 디자인과 기능에 새로운 요구 사항을 제시하며, 자동차 제조업체들은 이러한 변화된 소비자 기대를 충족하기 위해 혁신적인 솔루션을 개발해야 한다.

자율주행 기술의 발전은 자동차 산업에 지속적인 혁신을 요구한다. 제조 과정의 변화, 새로운 비즈니스 모델의 출현, 소비자 경험의 혁신은 자율주행차 시대의 자동차 산업을 형성하는 주요 요소다. 이러한 변화는 자동차 산업뿐만 아니라, 관련 산업과 사회 전반에 광범위한 영향을 미치며, 이는 산업 리더와 정책 입안자, 소비자 모두에게 새로운 도전과 기회를 제공한다.

사회적 영향과 산업 간 연계

자율주행 기술의 발전과 적용은 단순히 교통과 물류 산업의 변화를 넘어서, 사회 전반에 광범위한 영향을 미친다. 이 기술은 산업 간의 새로운 연계를 촉진하며, 도시 계획, 고용 구조, 그리고 일상 생활 방식에 변화를 가져온다.

자율주행차의 도입은 교통 안전을 대폭 향상한다. 인간 운전자의 실수로 인한 사고를 줄임으로써, 매년 수많은 생명을 구할 수 있다. 또한, 자율주행 기술은 이동성에 제약을 가진 사람들에게 새로운 자유를 제공한다. 노인, 장애인, 그리고 운전 능력이 없는 사람들이 보다 쉽게 이동할 수 있게 됨으로써, 사회적 포용성이 증진된다.

자율주행차는 도시 계획과 환경에 긍정적인 영향을 미친다. 자율주행차를 통한 교통 흐름의 최적화는 도로의 혼잡을 줄이고, 이산화탄소 배출을 감소한다. 또한, 차량 공유 서비스의 확대는 차량 수를 줄이고, 주차 공간의 필요성을 감소한다. 이는 도시 공간의 보다 효율적인 활용과, 녹지 공간과 공공장소의 확장을 가능하게 한다.

자율주행 기술은 다양한 산업 간의 새로운 연계를 촉진한다. 예를 들어, 자율주행차의 데이터 수집 및 분석 능력은 보험 산업에서 개인화된 보험 상품의 개발을 가능하게 한다. 또한, 차량 내 엔터테인먼트 시스템의 발전은 미디어 및 콘텐츠 제공 산업과의 연계를 강화한다. 이와 같이, 자율주행 기술은 새로운 비즈니스 기회를 창출하며, 기존 산업의 비즈니스 모델을 변화시킨다.

자율주행 기술은 교통 및 물류 산업의 혁신을 넘어, 사회적, 경제적, 환경적 측면에서 긍정적인 변화를 야기한다. 이 기술은 도시의 지속 가능한 발전을 촉진하고, 산업 간의 새로운 연계를 만들어 내며, 사회적 포용성을 증진한다. 따라서, 자율주행 기술의 발전과 적용은 미래 사회의 구조와 생활 방식에 깊은 영향을 미칠 것이며, 이는 모든 산업 리더와 정책 입안자, 그리고 시민들에게 새로운 도전과 기회를 제공한다.

참고문헌

권영화(2023). 『자율주행차와 반도체의 미래』. 이코노믹북스.

이슈퀘스트 편집부(2018). 『미래형자동차(자율주행 스마트카와 친환경차) 시장과 기술개발 전략』. 이슈퀘스트.

이승택; 노형주(2020). 자율주행차 산업 활성화를 위한 AI 데이터 구축 전략. ≪정보과학회지≫, 38권 11호, 44~50.

조무상(2022). 자율주행 셔틀서비스 산업의 경제적 파급효과 분석. ≪기업과혁신연구≫, 45권 4호, 87~101.

KIB 케이아이비 편집부(2019). 『4차 산업의 핵심 자율주행 자동차 기술시장 동향 및 전망』. KIB.

09
자율주행을 위한 법과 윤리

자율주행차의 법적 규제와 책임 소재는 기술의 사회적 통합에 필수적인 요소다. 이 기술은 법적 프레임워크 내 새로운 도전을 제기하며, 명확한 책임 소재 규정이 필요하다. 개인정보 보호와 데이터 관리는 중요한 윤리적 고려 사항으로, 승객의 프라이버시 보호와 데이터의 책임 있는 사용을 요구한다. 인공지능의 윤리적 의사 결정도 중요하며, 투명하고 책임 있는 결정 과정이 필요하다. 이러한 법적, 윤리적 고려 사항은 자율주행차 기술의 미래와 사회적 수용에 중대한 영향을 미친다.

AI와 화장품?

자율주행차의 법적 규제와 책임 소재

자율주행차의 법적 규제와 책임 소재 규정은 자율주행 기술의 발전과 사회적 통합 과정에서 중요한 쟁점이다. 이 기술의 도입은 기존의 법적 프레임워크 내에서 새로운 질문을 던지며, 책임 소재의 명확한 규정은 이 기술의 성공적인 적용을 위해 필수적이다.

자율주행차의 법적 규제는 이 기술이 안전하고 효과적으로 사회에 통합될 수 있도록 보장하는 데 목적이 있다. 다양한 국가와 지역에서 자율주행차의 테스트와 상용화에 관한 법적 기준을 마련하고 있다. 이러한 규제는 자율주행차의 운행 허가, 테스트 절차, 안전 요구 사항 등을 포함하며, 자율주행차가 일반 도로에서 운행될 때 준수해야 할 법적 조건을 명시한다.

자율주행차와 관련된 사고가 발생했을 때 책임 소재를 결정하는 것은 복잡한 문제다. 전통적인 차량에서는 운전자의 과실이 주된 책임 요소로 간주되지만, 자율주행차의 경우 기술적 결함, 소프트웨어 오류, 제조사의 의무 등 다양한 요소가 책임 소재에 영향을 줄 수 있다. 이에 따라, 자율주행차의 사고 책임이 제조사, 소프트웨어 개발자, 사용자, 그리고 기타 관련 당사자들 간에 어떻게 분배되어야 하는지에 대한 명확한 법적 기준이 필요하다.

자율주행차 기술의 지속적인 발전은 법적 규제와 책임 소재의 기준을 지속적으로 재평가하고 업데이트할 필요성을 제기한다. 법적 프레임워크는 기술 발전의 속도를 따라잡고, 새로운 유형의 사고와 상황에 대응할 수 있도록 유연해야 한다. 또한, 국제적인 협력과 표준화 작업은 자율주행차가 다양한 국가에서 운행될 때 발생할 수 있는 법적 문제를 해결하는 데 중요하다.

결론적으로, 자율주행차의 법적 규제와 책임 소재 규정은 이 기술의 안전하고 책임 있는 적용을 위해 중요한 요소다. 법적 규제는 기술의 발전을 촉진하는 동시에 사회적 안전을 보장해야 하며, 책임 소재에 대한 명확한 규정은 자율주행 기술에 대한 신뢰를 구축하는 데 필수적이다. 이러한 법적 고려 사항은 자율주행차 기술의 미래 방향과 사회적 수용에 결정적인 영향을 미칠 것이다.

개인정보 보호와 데이터 관리

자율주행차량의 개인정보 보호와 데이터 관리는 현대 사회에서 중요한 디지털 윤리와 법률의 문제 중 하나다. 자율주행 기술의 발전은 우리의 이동성을 혁신적으로 변화시키고 있지만, 동시에 개인의 프라이버시와 데이터 보안에 대한 심각한 우려를 야기한다.

자율주행차는 안전하고 효율적인 운행을 위해 승객과 주변 환경에 대한 방대한 양의 데이터를 수집한다. 이 데이터에는 차량의 위치, 속도, 운행 경로, 주변 차량 및 장애물에 대한 정보뿐만 아니라, 카메라와 센서를 통해 수집된 시각적 정보도 포함될 수 있다. 이러한 정보의 수집과 분석은 자율주행차의 안전한 운행을 가능하게 하지만, 동시에 승객의 프라이버시 침해 가능성을 내포한다.

개인정보 보호와 데이터 관리에 대한 법적 규제는 자율주행차 기술의 사회적 수용을 위해 필수적이다. 이러한 규제는 데이터의 수집, 저장, 사용 및 공유 방법에 대한 명확한 기준을 설정하여, 승객의 프라이버시를 보호한다. 유럽연합의 일반 데이터 보호 규정(GDPR, General Data Protection Regulation)과 같은 규정은 데이터 보호에 대한 법적 틀을 제공하며, 이는 전 세계적으로 자율주행차 데이터 관리의 기준이 될 수 있다.

자율주행차의 데이터 관리에서 윤리적 고려 사항은 승객의 동의, 데이터의 최소화, 투명성을 중심으로 한다. 승객은 자신의 데이터가 어떻게 수집되고 사용될지에 대해 명확하게 알 권리가 있으며, 필요한 최소한의 데이터만 수집되어야 한다. 또한, 데이터 처리 과정은 투명해야 하며, 승객은 자신의 데이터에 대한 접근 권한을 가져야 한다.

개인정보 보호와 데이터 관리를 강화하기 위한 기술적 조치는 암호화, 접근 제어, 데이터 분리 등을 포함한다. 또한, 인공지능과 머신러닝 알고리즘의 개발과 사용에서도 윤리적 기준을 적용해야 한다. 미래에는 이러한 기술적, 법적, 윤리적 조치들이 자율주행차 기술의 발전과 함께 지속적으로 발전하고 적용될 필요가 있다.

자율주행차량에 의한 개인정보 보호와 데이터 관리는 기술의 발전, 사회적 수용, 법적 규제 사이의 균형을 찾는 과정이다. 이는 자율주행 기술이 인간 중심의 접근 방식을 유지하며 발전해 나가는 데 중요한 역할을 할 것이다.

인공지능의 윤리적 의사 결정

인공지능의 윤리적 의사 결정은 자율주행차 분야에서 중요한 논의 주제다. 이는 자율주행차가 도로에서 복잡한 의사 결정을 내려야 하는 상황에서, 그 결정이 윤리적 원칙과 어떻게 조화를 이루어야 하는지에 대한 문제를 다룬다. 자율주행차의 인공지능 시스템은 안전과 효율성을 최적화하기 위해 설계되었지만, 예상치 못한 상황에서의 윤리적 판단은 기술적 도전과 함께 심각한 윤리적 질문을 던진다.

자율주행차의 인공지능 시스템이 내리는 결정은 사람의 생명과 안전에 직접적인 영향을 미친다. 이에 따라, 인공지능의 의사 결정 과정에는 명확한 윤리적 기준이 적용되어야 한다. 예를 들어, 긴급 상황에서 인공지능은 사고를 피하기 위해 최선의 조치를 취해야 하지만, 이러한 조치가 타인의 안전에 위협을 가할 수 있는 경우 어떤 결정을 내려야 하는지는 복잡한 윤리적 문제를 제기한다.

윤리적 딜레마는 인공지능의 의사 결정 과정에서 중요한 고려 사항이다. '트롤리 문제'는 이와 관련된 고전적인 사례로, 한쪽 선택이 다른 쪽 선택보다 윤리적으로 우월하다고 명확히 판단하기 어려운 상황을 설명한다. 자율주행차의 인공지능이 이러한 윤리적 딜레마에 직면했을 때, 사람의 생명을 보호하는 원칙과 최소 피해 원칙을 어떻게 균형 있게 적용할 것인지는 중대한 질문이다.

인공지능의 윤리적 의사 결정 과정은 투명하고 책임감 있게 이루어져야 한다. 의사 결정 과정과 그에 따른 기준이 명확하게 공개되어, 사람들이 인공지능의 결정을 이해하고 신뢰할 수 있어야 한다. 또한, 인공지능이 내린 결정으로 인해 발생한 결과에 대한 책임 소재도 명확히 해야 한다. 이는 인공지능 개발자와 운영자가 윤리적 기준에 따라 책임을 지고, 필요한 경우 적절한 조치를 취할 수 있도록 한다.

인공지능의 윤리적 의사 결정은 자율주행차 기술의 발전과 사회적 통합을 위해 중요한 고려 사항이다. 윤리적 기준의 명확한 적용, 윤리적 딜레마에 대한 신중한 접근, 의사 결정 과정의 투명성과 책임성은 인공지능이 사람의 안전과 복지를 증진하는 방향으로 발전하는 데 필수적이다. 따라서, 인공지능의 윤리적 의사 결정에 대한 지속적인 연구와 논의는 이 기술이 우리 사회에 긍정적인 영향을 미치도록 하는 데 중요하다.

참고문헌

권영실(2017). 『자율주행 자동차 시대를 위한 법적인 과제와 준비』. 비피기술거래.

맹준영(2020). 『자율주행자동차와 법적책임』. 박영사.

명순구·김기창·김현철·박종수·이상돈·이제우·정채연(2017). 『인공지능과 자율주행 자동차, 그리고 법』. 세창출판사.

박갑용·이영규(2021). 자율주행자동차법의 현황과 개선방안. ≪법학연구≫, 29권 3호, 139~168.

조선일보(2020.9.16). "자율주행차에 보행자가 사망했다, 운전자와 차 둘중 누구 잘못?". https://www.chosun.com/economy/auto/2020/09/16/PUXT2BBIOFG5RGC5E7H6TNLCGM/

이중기·황기연·황창근(2020). 『자율주행차의 법과 윤리』. 박영사.

10
자율주행이 불러온 기술과 사회의 변화

자율주행 기술은 도로의 안전성과 효율성 향상뿐만 아니라, 교통 체증 감소와 사고율 저하에 기여하며, 궁극적으로 운송 비용을 줄이는 다양한 이점을 제공한다. 자율주행차의 등장은 도시 공간의 재구성을 가능하게 하고, 도시 계획자와 정책 입안자에게 새로운 설계 기회를 제공한다. 또한, 경제적 영향과 산업 구조의 변화를 초래하며, 새로운 비즈니스 모델과 일자리 창출에 기여한다. 사회적 포용성과 일상생활 방식에도 긍정적인 변화를 가져와, 모든 사람에게 이동의 자유를 제공하고, 더 연결된 사회로의 전환을 가능하게 한다.

종교와 AI?

교통 시스템의 변화와 도시 계획에 대한 영향

자율주행이 교통 시스템의 변화와 도시 계획에 미치는 영향은 광범위하고 혁신적이다. 이 기술은 도로의 안전과 효율성을 극대화하며, 도시 공간의 사용 방식을 재정의한다. 자율주행차의 도입은 교통 체증을 줄이고, 사고율을 감소하며, 운송비용을 절감하는 등 다양한 이점을 제공한다. 이러한 변화는 도시 계획자와 정책 입안자에게 도시 인프라와 공공 공간을 재설계할 기회를 제공한다.

자율주행차는 실시간 데이터를 활용하여 교통 흐름을 최적화하고, 차량 간 거리를 조정하여 교통 체증을 줄인다. 이는 도로의 용량을 더 효과적으로 활용할 수 있게 하며, 일상적인 출퇴근 시간에 발생하는 혼잡을 완화한다. 또한, 인간 운전자의 실수로 인한 사고를 줄임으로써, 도로의 안전을 크게 향상한다. 이는 교통 관련 사망자 수를 감소하고, 보험료를 절감하는 효과를 가져온다.

자율주행차의 보급은 주차 공간에 대한 수요를 크게 줄일 것이다. 차량이 스스로 주차할 수 있거나 필요할 때만 호출되어 사용되기 때문에, 도시 중심부에서 대규모 주차장을 필요로 하는 상황이 감소한다. 이는 귀중한 도시 공간을 주차장이 아닌 공원, 녹지 공간, 혹은 공공시설로 재활용할 수 있는 기회를 제공한다. 또한, 차량 공유 서비스의 확대는 개인 차량 소유의 필요성을 줄이며, 이는 궁극적으로 도시의 교통 패턴을 변화시킨다.

자율주행 기술은 도시 계획과 인프라 구축에 대한 새로운 접근 방식을 요구한다. 교통 시스템의 변화는 도시 계획자들이 보행자 중심의 공공 공간, 다기능 도시 인프라, 지속 가능한 도시 환경을 설계할 수 있게 한다. 또한, 도시 내에서 자율주행차의 효율적인 운영을 지원하기 위해 지능형 교통 시스템, 스마트 도로, 그리고 통합된 데이터 관리 시스템의 개발이 필요하다.

자율주행 기술은 교통 시스템의 변화와 도시 계획에 깊은 영향을 미친다. 이는 도시의 교통 안전과 효율성을 향상하고, 도시 공간의 재구성을 가능하게 하며, 지속 가능한 도시 개발을 위한 새로운 기회를 제공한다. 자율주행차의 도입은 도시를 더 생동감 있고, 안전하며, 지속 가능한 곳으로 변모시키는 중요한 역할을 할 것이다.

경제적 영향과 산업 구조의 변화

자율주행 기술의 등장은 경제적 영향과 산업 구조의 변화라는 중요한 현상을 초래하고 있다. 이 기술은 전통적인 자동차 산업뿐만 아니라 물류, 운송, 보험 등 다양한 산업에 광범위한 변화를 일으키며, 새로운 비즈니스 모델과 일자리 창출의 기회를 제공한다. 동시에, 기존의 산업 구조와 직업에 대한 재평가를 요구하며, 경제적 측면에서의 사회적 적응과 전략적 대응을 필요로 한다.

자율주행 기술은 차량 공유 서비스, 자율주행 택시, 물류 및 배송 서비스 등 새로운 비즈니스 모델의 등장을 촉진하고 있다. 이러한 서비스는 효율성과 접근성을 크게 향상하며, 소비자에게 더 나은 선택권과 편리함을 제공한다. 또한, 이는 전통적인 차량 소유와 운영의 개념을 변화시키며, 자동차 산업의 비즈니스 전략에 근본적인 변화를 요구한다.

자율주행 기술은 운송과 물류의 경제적 효율성을 증대한다. 자율주행 차량은 더 정확하고 효율적인 경로 계획을 통해 연료 소비를 줄이고, 배송 시간을 단축할 수 있다. 이는 운송 비용의 절감과 더불어 환경에 미치는 영향을 감소하는 이점을 제공한다. 또한, 자율주행차의 운영은 24시간 가능하며, 인간 운전자의 제약을 받지 않는다는 점에서 물류 산업의 생산성을 크게 향상한다.

자율주행 기술의 발전은 새로운 기술과 서비스에 대한 수요를 창출하며, 이는 다양한 분야에서 새로운 일자리를 만들어 낸다. 소프트웨어 개발, 시스템 통합, 데이터 분석, 보안 및 유지 보수 등 자율주행차와 관련된 기술적 직업은 물론, 차량 공유 서비스와 같은 새로운 비즈니스 모델을 지원하는 서비스 직종도 증가할 것이다. 반면, 자율주행 기술은 전통적인 운전 직업에 대한 수요 감소를 가져오며, 이는 기존에 이 직종에 종사하던 사람들의 사회적, 경제적 적응과 이들을 위한 재교육 프로그램의 필요성을 강조한다.

자율주행 기술은 경제적 영향과 산업 구조의 변화를 가져오며, 이는 사회 전반에 걸쳐 혁신과 적응의 기회를 제공한다. 새로운 비즈니스 모델의 등장과 경제적 효율성의 증대는 소비자와 산업에 긍정적인 변화를 야기하며, 일자리 창출과 일자리 구성의 변화는 경제적 구조의 재편을 요구한다. 자율주행 기술의 지속적인 발전과 사회적 통합 과정에서의 전략적 대응은 이러한 변화를 성공적으로 관리하고 최대한의 이점을 추출하는 데 중요하다.

사회적 포용성과 생활 방식의 변화

자율주행 기술의 발전은 사회적 포용성을 증진하고 일상생활 방식에 근본적인 변화를 가져온다. 이 기술은 모든 사람에게 이동의 자유를 제공함으로써, 사회 구성원 간의 평등을 증진하고, 우리가 생활하는 방식을 재구성

한다. 자율주행차는 노인, 장애인, 그리고 운전 능력이 제한된 사람들에게 새로운 독립성과 이동성을 부여하며, 일과 여가의 균형을 재정립하고, 도시 및 농촌 지역의 접근성을 개선한다.

자율주행 기술은 이동성에 제약을 가진 사람들에게 새로운 기회를 제공한다. 노인이나 장애인과 같이 전통적인 운전이 어려운 사람들이 자율주행차를 통해 자유롭게 이동할 수 있게 되면, 사회적 참여와 독립성이 크게 향상된다. 이는 사회적 포용성을 증진하며, 모든 사람이 더 평등하게 사회 활동에 참여할 수 있는 기회를 마련한다.

자율주행차의 보급은 우리의 일상생활 방식에 혁명을 가져온다. 출퇴근 시간이 단축되고, 교통 체증에 대한 스트레스가 감소함에 따라, 사람들은 여가 활동이나 가족과 보내는 시간을 늘릴 수 있다. 또한, 자율주행차 내에서 업무를 처리하거나 휴식을 취할 수 있게 되면서, 일과 여가의 경계가 모호해지고, 생활의 질이 향상된다.

자율주행 기술은 도시와 농촌 지역 간의 접근성을 개선한다. 특히 농촌 지역에서의 자율주행차 운행은 중요한 서비스에 대한 접근성을 향상하며, 지역 간 격차를 줄일 수 있다. 이는 도시뿐만 아니라 농촌 지역에서도 더 나은 생활환경과 경제적 기회를 제공하며, 지역 간 연결성을 강화한다.

결론적으로, 자율주행 기술은 사회적 포용성을 증진하고, 생활 방식에 혁신적인 변화를 가져온다. 이 기술은 이동의 자유와 평등을 증진하며, 일상생활의 질을 향상하고, 도시와 농촌 지역의 접근성을 개선한다. 자율주행 기술이 사회 전반에 걸쳐 보급되면서, 우리는 더 포용적이고 연결된 사회로 나아가는 중요한 단계를 밟게 될 것이다.

참고문헌

권영화(2023). 『자율주행차와 반도체의 미래』. 이코노믹북스.

매일경제(2023.2.1). "레벨3에서 레벨4로 진입, 옥석 가리기 시작된 자율주행차".
https://www.mk.co.kr/news/culture/10626465

장성훈(2020). [해외통신원 소식] 자율주행 차량의 등장과 미래 교통의 변화. ≪월간교통≫, 54~62.

조무상(2022). 자율주행 셔틀서비스 산업의 경제적 파급효과 분석. ≪기업과혁신연구≫, 45권 4호, 87~101.

최정길(2024). 『자율주행이 열어가는 새로운 세상』. 에스앤엠미디어(주).

허건수(2020). 자율주행기술의 현실과 전망. ≪오토저널≫, 42권 5호, 16~20.

안세진

위덕대학교 에너지전기공학부 교수다(2013~현재). 부산대학교 정밀기계공학과를 졸업하고 같은 대학교의 대학원 기계설계공학과에서 소음진동 분야로 석사(1994~1996)와 박사 학위(1999~2003)를 받았다. 영국의 사우샘프턴대학교에서 박사후과정으로 차량의 승차감 분야를 연구했다(2004~2006). 삼성자동차(1996~1999)와 르노삼성자동차(2006~2013)에서 소음진동과 승차감 성능 향상을 위한 개발 업무를 수행했다. 지역대학우수과학자로 선정되어 IoT 센서와 인공지능을 이용하여 인체의 운동량을 예측하는 연구를 수행했다(2018~2022). 상기 연구 분야에 관련하여 50편 이상의 논문을 SCI, KCI 등 등재학술지에 게재했다.